AF802363

Manfred Henne

Dr. Otto Mauthe und die »Euthanasie« in Grafeneck

Eine unrühmliche Verwandtschaft

Autor:	Manfred Henne
Titel:	Dr. Otto Mauthe und die »Euthanasie« in Grafeneck
Untertitel:	Eine unrühmliche Verwandtschaft
Umschlagbilder:	Dokumentationsstätte Grafeneck
Satz und Umschlaggestaltung:	Manfred Henne
Herstellung:	**verlag regionalkultur**

ISBN 978-3-95505-542-4

Bibliografische Information der Deutschen Nationalbibliothek Die Deutsche Nationalbibliothek verzeichnet diese Publikation in der Deutschen Nationalbibliografie; detaillierte bibliografische Daten sind im Internet über dnb.dnb.de abrufbar.

Diese Publikation ist auf alterungsbeständigem und säurefreiem Papier (TCF nach ISO 9706) gedruckt entsprechend den Frankfurter Forderungen.

Alle Rechte vorbehalten.
© 2025 Manfred Henne

verlag regionalkultur
Heidelberg • Ubstadt-Weiher • Stuttgart • Speyer • Basel

Verlag Regionalkultur GmbH & Co. KG
Bahnhofstraße 2 • D-76698 Ubstadt-Weiher
Tel. 07251 36703-0 • Fax 07251 36703-29
E-Mail kontakt@verlag-regionalkultur.de
www.verlag-regionalkultur.de

Der Autor dankt Herrn Direktor Dr. Müller
vom Staatsarchiv Ludwigsburg
(Sammlung »Euthanasie«-Protokolle)
für die Einsichtnahme der Akten.

Inhaltsverzeichnis

Inhaltsverzeichnis

Dr. Otto Mauthe, Passfoto, © Landesserver Baden-Württemberg

Hitlers Erlass zur »Euthanasie«

ADOLF HITLER

BERLIN, 1.Sept.1939.

Reichsleiter B o u h l e r und

Dr. med. B r a n d t

sind unter Verantwortung beauftragt, die Befug - nisse namentlich zu bestimmender Ärzte so zu er - weitern, dass nach menschlichem Ermessen unheilbar Kranken bei kritischster Beurteilung ihres Krank - heitszustandes der Gnadentod gewährt werden kann.

A Hitler

Von Bouhler mir übergeben am 27.8.40

Dr. Gürtner

Chronik der »Euthanasie« in Grafeneck

1920

Binding/Hoche veröffentlichen die Schrift »Die Freigabe der Vernichtung lebensunwerten Lebens«

Juli 1933 und Januar 1934

Verabschiedung und Inkrafttreten des »Gesetzes zur Verhütung erbkranken Nachwuchses«

1938

Gesuche an die Kanzlei des Führers (KdF), in denen um Sterbehilfe für Schwerkranke gebeten wird

Mai 1939

Dr. Otto Mauthe vom Württembergischen Innenministerium und zwei weitere Ministerialbeamte besichtigen die Einrichtung Grafeneck

Juli 1939

Philipp Bouhler bestellt Ärztevertreter zu einem Gespräch über die »Euthanasie« nach Berlin

1. September 1939

Kriegsbeginn

September und Oktober 1939

Nach dem Überfall auf Polen beginnen erste Krankenmorde auf polnischem Territorium durch Erschießungen und sogenannte Gaswagen

Oktober 1939

Hitlers »Auftragsschreiben« im Oktober 1939 geschrieben und auf den 1. September 1939 zurückdatiert

6. Oktober 1939

Dr. Eugen Stähle, Leiter der Gesundheitsabteilung im württembergischen Innenministerium, Dr. Herbert Linden vom Reichsinnenministerium und Viktor Brack besichtigen Grafeneck

7. Oktober 1939

Dr. Stähle setzt Landrat von Münsingen Richard Alber über die bevorstehende »Inanspruchnahme« Grafenecks in Kenntnis

9. Oktober 1939

Leitungsgremium zur Beratung der »Euthanasie« tritt in Berlin zusammen. Vertreter der T4 Brandt, Bouhler und Brack, Vertreter von Reichsinnenministerium und Reichskriminalpolizeiamt legen eine Zahl von 65.000 bis 70.000 Menschen in Anstalten für die »Euthanasie« fest. Runderlass des Reichsinnenministeriums an südwestdeutsche Anstalten – Patienten, die unter bestimmte medizinische, »rassenhygienische« und ökonomische Kriterien fallen, müssen nach Berlin mit einem Meldebogen gemeldet werden

14. Oktober 1939

Eingeschriebener Eilbrief des Landrats Alber an die Samariterstiftung mit der Aufforderung Grafeneck zu räumen

November und Dezember 1939

Der Mord an Anstaltspatienten geht in eine zweite Phase: Bau einer stationären Gaskammer im Fort VII Posen

November 1939

Beginn der Umbauten in Grafeneck. Errichtet werden in der Folge ein Barackengebäude, eine Fahrzeuggarage und ein Krematoriumsgebäude. Ein Teil der Remise der Grafenecker Landwirtschaft wird für die Gasmorde umgebaut.
Die Metallurnen und CO-Gas werden angeliefert und im Schloss zwischengelagert

Januar 1940

»Probe/Demonstrationsvergasung« in Brandenburg

6. Januar 1940

Ankunft des in Berlin rekrutierten Täterpersonals in Grafeneck

18. Januar 1940

Beginn der Morde in Grafeneck – 25 Patienten der Anstalt Eglfing-Haar in München

16. Februar 1940

Dr. Stähle informiert die württembergischen Anstaltsleiter über die bereits angelaufene »Euthanasie« und verpflichtet diese zum Stillschweigen

2. April 1940

Erste Deportation aus der württembergischen Zwischenanstalt Zwiefalten

April 1940

Umzug der »Euthanasie«-Verwaltung in Berlin in die Tiergartenstraße 4, von nun an Zentraldienststelle T4 genannt

1. Juni 1940

Anfrage des Freiburger Erzbischofs Gröber in Sachen »Euthanasie« beim badischen Innenministerium

18. Juni 1940

Beschluss der badischen Kirchenleitung, beim badischen Innenministerium vorstellig zu werden

19. Juni 1940

Protestbrief des badischen Landesbischofs Dr. Kühlewein, Abschrift an den württembergischen Landesbischof Wurm

8. Juli 1940

Vormundschaftsrichter Kreyssig prangert in einem Brief an Reichsjustizminister Gürtner die »Euthanasie« an

19. Juli 1940

1. Brief des württembergischen Bischofs der evangelischen Landeskirche Wurm an Reichsinnenminister Frick

1. August 1940

Protestschreiben des Freiburger Erzbischofs Gröber und des Rottenburger Generalvikars Dr. Kottmann an den Leiter der Staatskanzlei Lammers

23. August 1940

Brief des württembergischen Landesbischofs Wurm an Justizminister Gürtner

20. August 1940

Vormundschaftsrichter Kreyssig verbietet die »Verlegung« von Patienten, die seiner Vormundschaft unterstehen

5. September 1940

Brief des württembergischen Landesbischofs Wurm an Innenminister Frick

12. und 13. Dezember 1940

Letzte Vergasungen in Grafeneck – Patienten und Heimbewohner aus Sigmaringen und Mariaberg

19. Dezember 1940

Schreiben Himmlers an Brack

Januar 1941

Tötungsanstalt Hadamar löst Grafeneck ab

3. August 1941

Predigt des Münsteraner Bischofs Clemens August Graf von Galen

24. August 1941

»Euthanasie«-Stopp Hitlers, Herbst 1941

1941 – 1945

Phase der dezentralen »Euthanasie«-Verbrechen in den Anstalten des Reichs

8. Juni 1949 – 5. Juli 1949

Tübinger Grafeneck-Prozess

1965

Abriss des Vernichtungsgebäudes und Errichtung einer frühen Erinnerungsstätte auf dem Heimfriedhof von Grafeneck

1982 und 1985

Erste Schrifttafeln im Kontext der Erinnerungsstätte

1990

Errichtung der Gedenkstätte Grafeneck

1994

Gründung des Vereins Arbeitskreis Gedenkstätte Grafeneck e.V. – heute Gedenkstätte Grafeneck e.V.

1995

Veröffentlichung des Gedenkbuchs für die Opfer der »Euthanasie« in Grafeneck 1940

1998

Der Alphabet-Garten entsteht

2005

Eröffnung des Dokumentationszentrums

Quelle: Dokumentationszentrum Grafeneck

© Dokumentationszentrum Grafeneck

Die historische Bedeutung des Innenministeriums für die Durchführung der »Euthanasie«-Morde in Württemberg, bzw. Baden

Seiten 18–24 aus einem Text von Thomas Stöckle, Historiker der Gedenkstätte Grafeneck, in: Materialien der Landeszentrale für politische Bildung,

Auch nach über einem halben Jahrhundert gehört die Ermordung von geistig behinderten und psychisch kranken Menschen durch das nationalsozialistische Regime zu denjenigen Verbrechen der NS-Diktatur, denen sich das menschliche Erinnerungs- und Vorstellungsvermögen nur schwer zu nähern vermag. Wie nur noch der »Holocaust« steht die Tötung von Hilfsbedürftigen und Wehrlosen im Rahmen des sogenannten »T4-Euthanasie-Aktion« für das Ende jeglicher Humanität während der Zeit des »Dritten Reiches«. In einer abgeschiedenen Gegend in der Nähe von Münsingen auf der Schwäbischen Alb (Kreis Reutlingen) liegt das Schloss Grafeneck. Hier vollzog sich mit der Ermordung von 10.654 Menschen – Männern, Frauen und Kindern –, eine der grausamsten Barbareien der NS-Diktatur. Die Bedeutung des Ortes Grafeneck geht durch die Geschehnisse des Jahres 1940 weit über lokale und regionale Bedeutung hinaus. Zu einer Vernichtungsanstalt umfunktioniert und mit einer Gaskammer ausgestattet – der ersten der Menschheits- und Weltgeschichte überhaupt, in der industriell gemordet wurde – war Grafeneck der Ort, an dem am 18. Januar 1940 die systematische Tötung von Menschen im nationalsozialistischen Deutschland begann und die sogenannte »NS-Euthanasie-Aktion T4« ihren Anfang nahm. Mit der Erfassung aller jüdischen Patienten in psychiatrischen Einrichtungen Württembergs und Badens und deren Tötung in Grafeneck sowie der späteren Übernahme der Technologie und des Personals der Gasmordanstalten begann hier auch der Weg in den »Holocaust«, der Ermordung der deutschen und europäischen Juden. Für die anderen fünf T4-Vernichtungsanstalten des NS-Staates besaß Grafeneck eine Vorbildfunktion. Südwestdeutschland mit Württemberg, Hohenzollern und Baden war die erste Region Deutschlands, die von der »Euthanasie«-Aktion erfasst wurde. Diese Tatsachen begründen die zentrale und einzigartige Bedeutung Grafenecks für das heutige Bundesland Baden-Württemberg und die Bundesrepublik Deutschland.

Von den sechs im Nationalsozialismus im Rahmen des »Euthanasie«-Programms existierenden Vernichtungsanstalten war Grafeneck die einzige, die vor ihrer Beschlagnahmung, einen kirchlichen Träger hatte. In Grafeneck war dies die Samariterstiftung Stuttgart, die dem Landesverband der Inneren Mission und somit der Evangelischen Landeskirche Württemberg angehörte. Von den 10.654 in Grafeneck ermordeten Menschen stammten über 800 aus evangelischen Einrichtungen der Behindertenhilfe im heutigen Baden-Württemberg. Untrennbar ist der Ort Grafeneck verknüpft mit der Landesgeschichte Baden-Württembergs, mit all seinen Landesteilen, seinen Städten und Ortschaften. Die Opfer von Grafeneck stammten aus über 40 Einrichtungen Süddeutschlands, hauptsächlich aus Baden, Württemberg und Hohenzollern, aber auch aus Bayern. Für alle diese Einrichtungen, die heute zum allergrößten Teil noch existieren, ist Grafeneck der historische Bezugspunkt.

Grafeneck im Jahr 1940: Jeder der vier Regierungsbezirke in Baden-Württemberg, jeder der Stadt- und Landkreise, alle größeren, aber auch eine ungeheure Zahl mittlerer und kleiner Gemeinden Baden-Württembergs haben Opfer der NS-»Euthanasie« zu beklagen.

Geistige Wurzeln der NS-»Euthanasie«

Wenn man nach Vordenkern der nationalsozialistischen Auslese-Ideologie sucht, muss man im Grunde bis zu einer Veröffentlichung des englischen Naturforschers Charles Darwin zurückgehen, die 1859 unter dem Titel »Die Entstehung der Arten durch natürliche Zuchtwahl oder die Erhaltung der begünstigten Rassen im Kampf ums Dasein« erschien. Darin ging Darwin davon aus, dass der Kampf ums Dasein in der Natur zu einer natürlichen Auslese führe, der besser angepasste sich gegenüber dem weniger angepassten oder vulgär interpretiert der Stärkere sich also gegenüber dem Schwächeren durchsetze. Hitler griff später diese Gedanken auf und definierte das Leben der Menschen und Völker als einen unablässigen Kampf auf Leben und Tod, bei dem der Stärkere, laut Hitler der »arische Herrenmensch«, siegt und der Schwächere zum Untergang verurteilt ist. In seinem Buch »Mein Kampf« schrieb Hitler: »Der Kampf um das tägliche Brot lässt alles Schwache und Kränkelnde, weniger Entschlossene unterliegen« (Mein Kampf, S. 312f). Wissenschaftler und Sektierer, die Darwins Gedanken aufgriffen und auf Menschen und Völker übertrugen, folglich Sozialdarwinisten genannt werden, forderten schon früh die Ausmerzung aller Erbkranken und anderer »Volksschädlinge«.

So ließ der Schweizer Psychiater Auguste Forel schon im Jahre 1892 sterilisieren und Alexander Tille forderte 1893 in einer Schrift, hässliche Menschen sollten keine Ehe eingehen dürfen. Noch weiter ging der Gründer der »Gesellschaft für Rassenhygiene« Alfred Ploetz 1895, als er Ärzte aufforderte, einem schwächlichen und »missratenen« Neugeborenen einen sanften Tod zu bereiten, »sagen wir durch eine kleine Dosis Morphium«. Aus der metaphorisch als »Kampf ums Dasein« umschriebenen Evolution der Organismen zogen die Sozialdarwinisten den Schluss, dass mit der Begünstigung der von ihnen sogenannten »Untüchtigen« durch die Errungenschaften der modernen Zivilisation, hier Wohlfahrtspflege und moderne Medizin, die Verschlechterung der Art gefördert werde. Als vermeintlich wirksame Gegenmaßnahme forderten sie eine gesetzlich geregelte »Fortpflanzungshygiene«, als deren unumgänglicher Bestandteil die Sterilisierung erblich »Minderwertiger« genannt wurde. Bis zum Ersten Weltkrieg kam diese Gruppe der »Rassehygieniker« über sektiererische Einzelpositionen nicht hinaus.

Das änderte sich allerdings schlagartig im Jahre 1920, als die nur 62 Seiten umfassende Schrift »Die Freigabe der Vernichtung lebensunwerten Lebens. Ihr Maß und ihre Form« erschien. In ihr befürworteten der Freiburger Psychiater Alfred Erich Hoche und der in Freiburg im

Ruhestand lebende Jurist Karl Binding die Tötung für »minderwertig« befundener Kranker und Behinderter (M 1, 2). Dabei gaben die beiden Autoren die lebhafte wissenschaftliche Diskussion zu Anfang der Weimarer Republik wieder, ob und gegebenenfalls in welchen Grenzen im künftigen Recht eine »Tötung lebensunwerten Lebens« gestattet werden könnte. Beide sprachen in diesem Zusammenhang von »leeren Menschenhülsen« und dem »Fremdkörpercharakter der geistig Toten im Gefüge der menschlichen Gesellschaft« und befürworteten die »Euthanasie« bei sogenannten »Ballastexistenzen«, sprachen aber ein Recht zur Tötung dort ab, wo das Opfer einen positiven Lebenswillen zeige. Weiter heißt es in der Schrift: »Mitleid ist den geistig Toten gegenüber im Leben und im Sterbensfall die an letzter Stelle angebrachte Gefühlsregung; wo kein Leiden ist, ist auch kein mitleiden.« Hoche wurde übrigens später noch zu einem entschiedenen Gegner der Krankenmorde, als eine engere Verwandte von ihm selbst ein Opfer der Tötungen wurde. Unter den jungen Studenten des Freiburger Psychiaters saß damals auch Werner Heyde, jener Mann also, der ab dem Jahre 1939 als Leiter der Medizinischen Abteilung der Zentraldienststelle T4 in Berlin die Massentötung der Kranken organisierte. Es wird damit deutlich: Erb- und Rassentheorien waren ebenso wenig eine Erfindung des

Nationalsozialismus wie die Diskussion, in der zunehmend Nützlichkeitsgesichtspunkte wirtschaftlicher und eugenischer Art den »Lebenswert« eines Individuums bemaßen. Die Nazipropaganda verstand es dann allerdings, auf diesem vorbereiteten Boden die »Vernichtung der Minderwertigen« zum Programm der gesamten Gesundheitsfürsorge zu machen.

Gedenkstein in Grafeneck, © Dokumentationszentrum

Der Augenzeuge

Der Psychiater Arthur Schreck leitete die Heil- und Pflegeanstalt Rastatt und war ein Gutachter der Aktion T4, der die Tötungsmaßnahmen befürwortete.

Am 27. Februar 1940 erfolgte ein erster Transport seiner Patienten in die NS-Tötungsanstalt Grafeneck. Seinen Mitarbeitern erklärte er die Verlegung, die von oben angeordnet worden sei und strengster Geheimhaltung unterliege. So endeten fast alle seiner 500 Patienten in der Gaskammer von Grafeneck.

Auf seinen eigenen Wunsch hin durfte er im Mai 1940 den Betrieb der Gaskammer und des Verbrennungsofens in Grafeneck besichtigen. Kritisch äußerte er sich nur über die primitiven Anlagen der Tötungseinrichtung. Der als »Euthanasie« verbrämte Krankenmord wurde von ihm nicht in Frage gestellt. Am 14. August 1947 sagte Schreck hierzu aus:

»In die Gaskammer habe ich durch die offene Türe hineingesehen. Es lagen etwa 50 – 60 tote Leute darin, die alle möglichen Stellungen einnahmen, teils auf Stühlen und Bänken sitzend, teils auf dem Boden liegend. Es waren Männer [...]. Ich kam zu einer Zeit, in der gerade Verbrennungen stattfanden. Etwa 30 Meter von dem Gasraum entfernt stand ein großer Verbrennungsofen im Freien. Der Ofen hatte die Größe eines Zimmers und

wurde mit Koks geheizt. Wärter trugen jeweils zwei Tote aus dem Gasraum [...] und schoben die Leichen in den Ofen. Die Leichenverbrennung dauerte etwa eine Viertelstunde, ich ging aber vorzeitig wieder weg und habe Dr. Schumann vorgehalten, dass die Art der Verbrennung mir primitiv vorkomme. Ich hätte mir eine Art Krematorium vorgestellt. Dr. Schumann versicherte mir, sie hätten den Verbrennungsofen anfänglich unter Dach untergebracht, die Hitze wäre aber so groß gewesen, dass das Dach beinahe Feuer gefangen hätte. Der Ofen hätte deshalb im Freien aufgestellt werden müssen. Außerdem werde die Anstalt Grafeneck in einigen Wochen aufgelöst, in anderen Anstalten seien bereits Krematorien errichtet worden.«

© Wikipedia

Der Vergasungsschuppen, um 1940, (besteht nicht mehr), © Dokumentationszentrum

Der Appell des Bischofs von Galen

Clemens August Graf von Galen (1878–1946) wurde im September 1933 Bischof von Münster. Am 3. August 1941 nutzte er seine Predigt, um öffentlich gegen die »Euthanasie« zu protestieren. Unerschrocken benannte er die ihm bekannt gewordenen Vorgänge als Mord:

»Ich will euch ein Beispiel sagen von dem, was jetzt geschieht: In Marienthal war ein Mann von etwa 55 Jahren, ein Bauer aus einer Landgemeinde des Münsterlandes – ich könnte euch den Namen nennen – der seit einigen Jahren unter Geistesstörungen leidet und den man daher der Provinzial-Heil- und Pflegeanstalt Marienthal zur Pflege anvertraut hat. Er war nicht richtig geisteskrank, er konnte Besuche empfangen und freute sich immer, so oft seine Angehörigen kamen. Noch vor 14 Tagen hatte er Besuch von seiner Frau und von einem seiner Söhne, der als Soldat an der Front steht und Heimaturlaub hatte.

Der Sohn hängt sehr an seinem Vater. So war der Abschied schwer; wer weiß, ob der Soldat wiederkommt, den Vater wiedersieht, denn er kann ja im Kampf für die Volksgenossen fallen. Der Sohn, der Soldat, wird den Vater wohl sicher auf Erden nicht wiedersehen, denn er ist seitdem auf die Liste der Unproduktiven gesetzt. Ein

Verwandter, der den Vater in dieser Woche in Marienthal besuchen wollte, wurde abgewiesen mit der Auskunft, der Kranke sei auf Anordnung des Ministerrats für Landesverteidigung von hier abtransportiert. Wohin, könne nicht gesagt werden; den Angehörigen werde in einigen Tagen Nachricht gegeben werden. Wie wird diese Nachricht lauten? Wieder so, wie in anderen Fällen? Dass der Mensch gestorben sei, dass die Leiche verbrannt sei, dass die Asche gegen Entrichtung einer Gebühr abgeliefert werden könne? Dann wird der Soldat, der im Felde steht und sein Leben für die deutschen Volksgenossen einsetzt, den Vater hier auf Erden nicht wiedersehen, weil deutsche Volksgenossen in der Heimat ihn ums Leben gebracht haben. « © Bistumsarchiv Münster

August Graf von Galen, Bischof von Münster, © Bistum Münster

Der Appell des Landesbischofs Theophil Wurm

Am 19. Juli 1940 schickte der württembergische Landesbischof Dr. Theophil Wurm (1868–1953) jenen berühmt gewordenen Brief an den Reichsminister des Innern Wilhelm Frick, der durch undichte Stellen im NS-System an die Öffentlichkeit und in Abschriften in Umlauf kam. Darin schilderte Wurm die Vorgänge in Grafeneck und fügte an, dass die Angelegenheit im Lande großes Aufsehen errege. Nachdem dieser erste Brief Wurms ohne Antwort blieb, schrieb Wurm am 5. September 1940 ein zweites Mal an Frick, diesmal drängender und mit der Frage, ob der Führer davon wisse und die »Euthanasie« gebilligt habe. Auch auf diesen Brief erhielt der Landesbischof keine Antwort. Auch ein früherer Brief von ihm an den Justizminister Dr. Gürtner am 23. 8. 1940 blieb erfolglos. Gürtner nahm sich zwar der Sache an, aber dann zeigte ihm Kanzleichef Bouhler Hitlers Ermächtigungsschreiben, worauf der Justizminister resignierte. Gürtner hat den Empfang des Ermächtigungsschreibens am 27. August 1940 auf dem Blatt handschriftlich festgehalten.

Mit Bedauern muss gesagt werden, dass, wenn Wurm oder andere evangelische Kirchenführer protestierten, es immer nur intern, auf dem Dienstweg geschah, dass sie also Briefe schrieben, die in der Bevölkerung nie bekannt wurden.

Landesbischof Theophil Wurm an der Schreibmaschine,

© Evangelische Landeskirche

Seit etwa Frühjahr 1940 wusste auch die Bevölkerung gerüchteweise und durch – unter dem Deckmantel der Verschwiegenheit erzählte – Geschichten und Bemerkungen von Morden an zuvor in Anstalten und Kliniken untergebrachten Kranken und Menschen mit Behinderung in Grafeneck. Es entstand aber weder unter den Angehörigen der Opfer noch unter den Anstaltsleitungen nennenswerter Widerstand. Mit einem am 6. Juli 1940 verfassten Protestschreiben wandte sich der württembergische Landesbischof Theophil Wurm an den Reichskirchenminister Hans Kerll und kritisierte das Morden. Eine weitere ausführliche Protestnote an Reichsinnenminister Wilhelm Frick formulierte er am 19. Juli 1940. Dennoch blieb er in seiner Kritik loyal zum nationalsozialistischen Staat und argumentierte mit dem Verweis seiner Sorge um die Gemeinschaft. So benutzte er stets den Hitlergruß »Heil Hitler« am Ende seiner Briefe, obwohl es für seine Person nicht zwingend gewesen wäre.

Das Schreiben an Dr. Frick sollte in kürzester Zeit in ganz Deutschland berühmt werden. Ohne sein Zutun verbreitete sich dieses Schreiben unter der Hand in Windeseile und wurde in maschinengeschriebenen Durchschlägen oder auch handgeschrieben als »Katakombenbrief« weitergereicht. Diese Verbreitungsmethode macht deutlich, dass es nur noch unter Ausschluss der Öffentlichkeit möglich war, die Wahrheit zu verbreiten. Wurm prangerte in dem Schreiben unmissverständlich die Morde an. Sein Brief zeichnet sich durch Klarheit in Sprache und Gedankengang sowie durch einen sittlichen Ernst aus, dem man sich schwerlich entziehen konnte, wenn man nicht gänzlich abgestumpft war.

Auf viele Menschen wirkte der Brief wie eine Erlösung aus unerträglichem seelischem Druck. Im krassen Gegensatz zu der großen Beachtung, die Wurms Schreiben in kirchlich orientierten Kreisen fand, steht das totale und vielsagende Schweigen der Täter.

© LpB Ba-Wü

Einen gewissen Sonderfall stellte Reichsjustizminister Dr. Gürtner dar, der als gemäßigt galt. Von ihm erhoffte sich Wurm in seinem Schreiben vom 23. August 1940 eine positive Reaktion:

Württ. Evangelische Landeskirche
– Der Landesbischof – Stuttgart, den 23. 8. 1940

Herrn Reichsjustizminister Dr. Gürtner
Berlin

Sehr verehrter Reichsjustizminister!

Die gegenwärtig in größerem Umfang vorgenommenen Maßnahmen zur Vernichtung gemeinschaftsunwerten Lebens in gewissen staatlichen Anstalten, so insbesondere in Württemberg im Schloss Grafeneck, Gemeinde Dapfen, Kreis Münsingen, machen viel von sich reden. Ich habe mich deshalb mit dem in Abschrift angeschlossenen Schreiben an den Herrn Reichsinnenminister gewandt. Ich bitte Sie, Herr Reichsjustizminister, sich von Ihrem Aufgabenbereich aus, dieser Sache anzunehmen, die bei Weiterführung in der bisherigen Weise im Gegensatz zu den gesetzlichen Maßnahmen zum Schutz des Deutschen Volkes das Vertrauen des Volkes zum Recht ebenso erschüttern muss, wie das Vertrauen zum Arzt als Helfer der Menschen.

Heil Hitler!
Ihr ergebener Bischof Wurm

Spurensuche einer Verwandtschaft

Auf den Namen Otto Mauthe stieß der Autor bei der Erforschung seiner Familiengeschichte. Die Familie, mütterlicherseits, hat den gleichen Stammvater wie die Linie des Otto Mauthe:

Blasius Mauthy (Mauthe)
* 3. 2. 1674
† unbekannt

Jakob Mauthy (Mauthe)
* 10. 6. 1719
† 19. 1. 1764

Fidelis Mauthy (Mauthe)
* 27. 4. 1763
† 9. 6. 1840

Josef Mauthe
* 17. 8. 1787
† 10.4.1861

Johann Baptist Mauthe
† 30. 4. 1825
* 26. 2. 1865

Fidelis Mauthe
* 12. 12. 1863
† 19. 4. 1936

Otto Mauthe
*** 9. 11. 1892**
† 22. 5. 1974

Heribert Otto Josef Mauthe
* 13. 6. 1934

Otto Mauthe wurde am 9. 11. 1892 in Derdingen, jetzt Oberderdingen, damals Oberamt Maulbronn, jetzt Landkreis Karlsruhe, geboren; gestorben am 22. 5. 1974 in Stuttgart. Hedwig Mauthe, geb. Bopp, die Ehefrau des Otto Mauthe wurde geboren am 3. 9. 1901 in Talheim bei Heilbronn; gestorben am 27. 5. 1987. Durch Heirat mit Hedwig Bopp wohnte Otto Mauthe in Kochertürn bei Neuenstadt am Kocher, Kreis Heilbronn; sie hatten drei Kinder.

Fidelis Mauthe, der Vater des Otto Mauthe, wurde am 12. 12. 1863 in Obernheim (dem Heimatort des Autors) auf der Schwäbischen Alb, damals Oberamt Spaichingen, jetzt Zollernalbkreis, geboren; gestorben 19. 4. 1936 in Sigmaringen. Berta Mauthe, geb. Fischer, die Mutter des Otto Mauthe ist geboren am 4. 11. 1868 in Tübingen; gestorben am 2. 5. 1935 in Sigmaringen. Fidelis Mauthe studierte von 1885 bis 1887 Forstwirtschaft in Tübingen.

Auf welche Weise und aus welchem Grund die Familie ins württembergische Unterland kam, ist dem Autor nicht bekannt. Es ist anzunehmen, dass der Vater Fidelis Mauthe als Forstmeister beruflich in den Bezirk Maulbronn versetzt wurde. Sie wohnten vorher vermutlich im Oberamt Spaichingen.

Die beruflichen Stationen und Mitgliedschaften des Otto Mauthe

1920	Medizinische Staatsprüfung zum Dr. med.
1925 – 1933	Mitglied der Zentrumspartei
1925 – 1933	Katholischer Studentenverband Alemannia
1920 – 1927	Frauenklinik Tübingen
1928 – 1945	Deutsches Rotes Kreuz
1933 – 1936	Oberarzt in Herrenberg
1933 – 1945	NS-Ärztebund
1934	Eintritt in die NSDAP
1934 – 1945	Rassenpolitisches Amt
1935 – 1945	NS-Altherrenbund
1936 – 1945	Obermedizinalrat im Innenministerium Stuttgart
1942 – 1945	Gesundheitsarzt im Rang eines Sanitäts-Sturmbannführers
21. 8. 1945	Auf Anordnung der Militärregierung aus dem Amt entlassen

Die Wohnorte

1933 – 1936	Herrenberg
1936 – 1944	Stuttgart-Degerloch
1944 – 1945	Winnenden
1946 – 1974	Kochertürn, Kreis Heilbronn
22. 5. 1974	verstorben in Stuttgart

Fortfolgende Seiten 36–108 aus den Akten EL 905 Bü 254 des Staatsarchivs Ludwigsburg – Zentralspruchkammer Nordwürttemberg: Verwaltungsakten

Beschlagnahme Grafenecks zur Tötungsanstalt

Der Landrat von Münsingen
– Württemberg –

Münsingen,
den 14. Oktober 1939

Herrn
Stadtpfarrer Fischer
Vorsitzender der Samariterstiftung
Stuttgart
Kanzleistrasse 5

Einschreiben!
Eilt sehr!

Bezugnahme auf die mündliche Besprechung vom 11. 10. 1939
Betreff: Krüppelheim Grafeneck. Landkreis Münsingen

Auf Grund von § 3a in Verbindung mit § 2a Buchstabe e) des Reichsleistungsgesetzes vom 1. September 1939 (Reichsgesetzblatt I S. 1645 nehme ich das Krüppelheim Grafeneck – vorläufig ohne den Gutshof – für Zwecke des Reichs in Anspruch.

Das Heim ist bis spätestens 14. Oktober 1939 abends von den Insassen und den Pflegepersonen – vorläufig ohne das landwirtschaftliche Personal – zu räumen. Die Schlüssel sind mir zu übergeben.

Die gesamte, zur Anstalt gehörende Einrichtung sowie die Vorräte sind zurückzulassen. Hierüber ist ein Verzeichnis in dreifacher Fertigung vorzulegen, die mir bei der Übergabe der Anstalt auszuhändigen ist. Das gesamte Eigentum der Pfleglinge und des Personals sowie etwa vorhandene Vorräte an leicht verderblichen Lebensmitteln sollen mitgenommen werden.

Die durch die Räumung des Heims entstehenden Aufwendungen sind über mich beim Herrn Württ. Innenminister unter Vorlage einer Zusammenstellung in doppelter Fertigung und ordnungsmäßiger Belege zum Ersatz anzufordern.

gez. Alber, Landrat

Das Verwaltungsgebäude, © Gedenkstätte Grafeneck

Anweisung zur »Verlegung«

Der Württ. Innenminister Stuttgart, den 23. 11. 1939
Nr. X 4792

An die staatlichen Heilanstalten
die Privatheilanstalten Göppingen, Kennenburg
und Rottenmünster
und an die Zentralleitung für das Anstalts- und
Stiftungswesen in Stuttgart, Falkertstr. 29

Betreff: Verlegung von Insassen der Heil- und
Pflegeanstalten

Die gegenwärtige Lage macht die Verlegung einer größeren Anzahl von in Heil- und Pflegeanstalten untergebrachten Kranken notwendig. Im Auftrag des Reichsverteidigungskommissars werde ich die notwendig werdenden Verlegungen von Fall zu Fall anordnen.

Die Kranken werden nebst ihren Krankenakten in Sammeltransporten verlegt. Der Abgabeanstalt entstehen aus dem Transport keine Kosten; die Krankenakten werden ihr nach Einsichtnahme wieder zurückgegeben. Die Benachrichtigung der Angehörigen über die Verlegung erfolgt durch die Aufnahmeanstalt. Die Kostenträger sind von der Abgabeanstalt davon in Kenntnis zu setzen, dass weitere Zahlungen über den Tag der Verlegung hinaus, insolange einzustellen sind, bis sie von der Aufnahmeanstalt angefordert werden.

Die Zentralleitung für das Stiftungs- und Anstaltswesen wird ersucht, den Erlass den ihr unterstellten Anstalten bekanntzugeben.

Im Auftrag Dr. Stähle

Dr. Eugen Stähle, um 1940 © Geschichte online Stuttgart

Spruchkammer des Oberlandesgerichts Tübingen

Dass Otto Mauthe aktiv an der »Euthanasie« beteiligt war, belegen die Spruchkammerakten des Oberlandesgerichts Tübingen – Strafsenat – vom 24. November 1948, die nachfolgend zitiert werden.

Ein interner Bericht des im Württembergischen Innenministeriums tätigen Obermedizinalrats Dr. Otto Mauthe vom 15. Juni 1938 an den Innenminister Dr. Jonathan Schmidt führt folgendes aus: *»Betreff: Besichtigung der Heilanstalt Christophsbad in Göppingen. Der Kreisleiter, den ich, wie bereits erwähnt, fernmündlich gesprochen habe, hatte keinerlei Klagen oder Wünsche bezüglich der Anstalt vorzubringen, er betonte, daß er in politischer Beziehung mit der Anstalt sehr gut zusammenarbeite, vor allem, da der Oberarzt Dr. John als Kreisamtsleiter des Rassenpolitischen Amtes sehr rege tätig sei.«*

Otto Mauthe am 19. März 1940: *»In der Liste der Staatspfleglinge habe ich alle diejenigen mit blauem Winkel bezeichnet, die nicht, oder ganz wenig arbeiten, meist schon länger in der Anstalt sind und nicht aus der Umgebung [...] stammen«.*

Ws 75/48 Mitwirkende:

OLGPräs. Prof. Dr. Niethammer

OLGRat Pfizer

LGRat Gekeler

Beschluss vom 24. November 1948

In der Strafsache gegen

den am 9. Sept. 1892 in Derdingen,

Krs. Vaihingen/Enz

geb., in Kochertürn, Krs. Heilbronn, wohnhaft

verh. Obermedizinalrat a. V.

Dr. Otto M a u t h e

z. Zt. in Untersuchungshaft im Kreiskrankenhaus

Reutlingen

wegen Beihilfe zum Mord u. a.

wird auf die weitere Beschwerde des Beschuldigten gegen den seine Haftbeschwerde verwerfenden Beschluss des Landgerichts Tübingen vom 21. Sept. 1948 unter gleichzeitiger Aufhebung dieses Beschlusses der Haftbefehl des Amtsgerichts Münsingen vom 7. April 1947 aufgehoben.

Gründe: Nach dem Ergebnis der Ermittlungen ist die Belastung des Beschuldigten so, dass weiterhin mindestens Tatverdacht besteht. Ob ein Rechtfertigungs- oder Entschuldigungsgrund die Strafeinheit des Beschuldigten ausschließt, kann nur durch die Hauptverhandlung geklärt werden.

Der Senat ist jedoch der Auffassung, dass trotz der schweren Belastung des Beschuldigten unter Berücksichtigung seiner gesetzten Verhältnisse augenblicklich Fluchtgefahr nicht für gegeben zu erachten ist. Insbesondere zwingt die gesundheitliche Verfassung und der seelische Zustand des Beschuldigten zu der Auffassung, dass er sich der strafrechtlichen Verantwortung nicht durch die Flucht entziehen werde, dass vielmehr durch den Aufenthalt bei seiner Familie und die ihm dadurch teilwerdende persönliche Pflege die Festigung seines körperlichen und seelischen Zustandes eintritt, derer er für das Durchhalten der bevorstehenden Hauptverhandlung bedarf.

Nach bestandener Reifeprüfung studierte er in Tübingen und Kiel Medizin. Den 1. Weltkrieg machte er als Feldhilfsarzt mit. Im Jahre 1920 legte er die medizinische Staatsprüfung mit der Note »sehr gut« ab. Anschließend war er bis 1927 zuerst in der Frauenklinik Tübingen, dann in der Landeshebammenanstalt Stuttgart als Assistenzarzt tätig. Die Untersuchung ist auch soweit fortgeschritten, dass eine Verdunkelung des Sachverhalts des Beschuldigten nicht mehr zu besorgen ist.

Bebenhausen, den 24. November 1948

gez. Niethammer

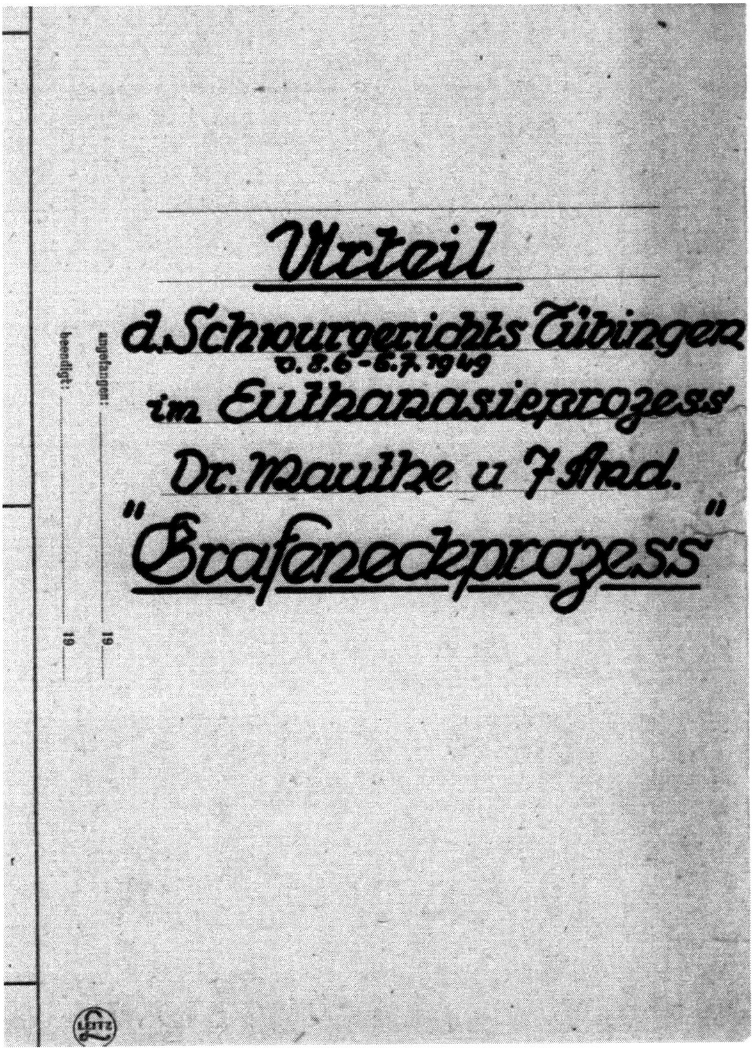

Urteil

d. Schwurgerichts Tübingen
v. 8.6.-5.7.1949
im Euthanasieprozess
Dr. Mauthe u. 7 And.
"Grafeneckprozess"

angefangen: ____ 19__
beendigt: ____ 19__

Der Grafeneckprozess zur »Euthanasie« vor dem Oberlandesgericht Tübingen vom 8. Juni bis 6. Juli 1949 im Fall Dr. Otto Mauthe

III. Die Mitwirkung der einzelnen Angeklagten an der Aktion T4

Der Angeklagte Dr. Mauthe

Der Angeklagte Dr. Otto Mauthe wurde am 9. 11. 1892 als Sohn eines Forstmeisters in Derdingen, Krs. Vaihingen geboren. Nach seiner medizinischen Tätigkeit in der Frauenklinik in Tübingen wurde er Oberamtsarzt in Herrenberg. Von 1936 bis 1945 war er in der Dienststellung eines Obermedizinalrats ärztlicher Berichterstatter im württembergischen Innenministerium, u. a. Sachbearbeiter für das Irrenwesen.

Vor der Machtübernahme war Dr. Mauthe Anhänger der Zentrumspartei und für diese auch aktiv tätig gewesen. Im Herbst 1933 ging er als Arzt zur SA Reserve, und im März 1934 trat er in die NSDAP ein.

Wann der Angeklagte Dr. Otto Mauthe durch seinen Vorgesetzten, Ministerialrat Dr. Stähle, von der Aktion unterrichtet wurde, ließ sich in der Hauptverhandlung nicht mehr mit völliger Sicherheit feststellen. Nach den

Angaben des verstorbenen Dr. Stähle ist Dr. Mauthe von diesem bereits im Oktober 1939, jedenfalls aber spätestens vor dem Urlaub des Dr. Stähle, der vom 14. 1. bis 10. 2. 1940 dauerte, in Kenntnis gesetzt worden. Der Angeklagte Dr. Mauthe gibt dagegen mit Bestimmtheit an, er sei erst nach der Rückkehr des Dr. Stähle aus dem Urlaub von diesem informiert worden, was mit großer Wahrscheinlichkeit für die Angaben des Dr. Stähle spricht, so lässt sich das Vorbringen des Angeklagten Dr. Mauthe doch nicht mit hinreichender Sicherheit widerlegen. Das Gericht hat deshalb den von Dr. Mauthe behaupteten Termin der Urteilsfindung zugrunde gelegt. Von maßgebendem Einfluss für das Urteil ist die Frage übrigens nicht. Als Sachbearbeiter des Irrenwesens war Dr. Mauthe nun an der Durchführung der Aktion in Württemberg in weitem Umfang beteiligt. Er hat die auf diesem Gebiet erforderlichen Vergeltungsmaßnahmen bearbeitet, die Erlasse vorbereitet und sie zum Teil auch – besonders bei Abwesenheit des Dr. Stähle – selbst unterzeichnet, (vgl. Bd. 9/43).

An dem Sperrerlass vom 9. 9. 1940 hat er maßgebend mitgewirkt. Er hat ihn selbst entworfen, (Bd. 10/1). Außerdem hat er im Wesentlichen nachher über die Entlassungsanträge entschieden und zwar nach Rücksprache mit Dr. Stehle, teilweise aber auch allein und auf eigene Verantwortung. Von ihm stammt eine Reihe von ablehnenden Entscheidungen. An sonstigen Erlassen hat er insbesondere die folgenden nicht nur entworfen, sondern auch selbst unterzeichnet:

Den Erlass vom 10. 6. 1940 an die Zentralleitung für das Stiftungs- und Anstaltswesen in Stuttgart, in dem unter dem Betreff »Fürsorge« für Geisteskranke etc. eine Liste der Geisteskranken in den der Zentralleitung unterstehenden Anstalten einverlangt wird, (Bd. 9/24).

Den schon an anderer Stelle erwähnten Erlass an die Pflegeanstalt Liebenau vom 9. 8. 1940 mit dem Verbot, die Angehörigen von den Verlegungen zu unterrichten und der Anordnung, bei Entlassungen seine Genehmigung einzuholen, (Bd. 9/28b).

Den Erlass vom 20. 9. 1940, der auf den Sperrerlass hinweist (Anstalt Göppingen, Bd. 9/34).

Die Weitergabe einer Rüge der RAG an den Leiter der Heilanstalt Weinsberg (Dr. Joos) wegen angeblich unbefugter Zurückbehaltung zwischenverlegter Patienten. vom 4. 4. 1941, (Bd. 9/51).

Den Erlass vom 17. 4. 1941 an die Heilanstalt Weinsberg mit der Weisung, die noch verlegungsfähigen Kranken mitzuteilen, (Bd. 9/54).

Erlass vom 5. 6. 1941 an die Anstalt Weinsberg mit der Anordnung der Verlegung nach Hadamar, (Bd. 9/57)

Als im Jahre 1940 eine Reihe von Anstalten besucht werden sollten, um dort die noch fehlenden Meldebogen auszufüllen, erbot sich der Angeklagte Dr. Mauthe nach seinen eigenen Angaben freiwillig, gemeinschaftlich mit dem Angeklagten Dr. Eyrich, diese Aufgabe zu übernehmen. In der Folgezeit hat er dann mit Dr. Eyrich zusammen die Anstalten des Bruderhauses Reutlingen, ferner die Anstalten Heiligenbronn, Schwäbisch Gmünd, Tempelhof, Eckenwälden, Obersontheim, Paulinenpflege Winnenden und Zwiefalten besucht und dort Meldebögen ausgefüllt. Von einem Teil dieser Anstalten sind später auch eine Reihe von Kranken auf Grund dieser Meldungen getötet worden.

Auch mit dem Tötungsarzt Dr. Baumhardt hat er einige Anstalten besucht. Diese Besuche dienten dazu, aus den bereits vorhandenen Transportlisten noch etwaige arbeitsfähige Kranken herauszunehmen.

Dr. Mauthe hat ferner des Öfteren die Ausstellung von Meldebogen bei Anstalten angemahnt. Nach seinem eigenen Eingeständnis hat er die RAG (Reichsarbeitsgemeinschaft Heil und Pflegeanstalten) davon verständigt, dass in den Anstalten Weinsberg und Weißenau noch nicht erfasste, von Göppingen nach dort verlegte Staatspfleglinge seien, worauf seitens der RAG unverzüglich die Meldebögen über sie einverlangt wurden.

Der Angeklagten Dr. Fauser hat er nach deren glaubhaften Angaben ausdrücklich verboten, in ihre Anstalt Zwiefalten zwischenverlegte Kranke vom Weitertransport in die Vernichtungsanstalt Grafeneck zurückzuhalten.

Angehörige von Kranken beschwichtigte Mauthe mit unwahren Angaben unter Ablehnung der Vorgänge in Grafeneck, wodurch er die Aktion ebenfalls förderte.

Bei der Kindereuthanasie hat der Angeklagte Dr. Mauthe dadurch maßgebend mitgewirkt, dass er die Verlegungen der dafür in Frage kommenden in Anstalten befindlichen Kinder vielfach persönlich bearbeitete.

Die Angehörigen der Getöteten wurden von der sogenannten Trostbriefstelle benachrichtigt und ihnen ebenfalls falsche Todesursachen angegeben. Auf Wunsch erhielten sie die Asche in einer Urne zugesandt, wobei wegen des Massenbetriebs keine Gewähr gegeben war, dass es sich um die Asche gerade dieses Verstorbenen handelte. Die übrigen Urnen wurden auf dem Friedhof von Grafeneck beigesetzt.

Die Zahl der in Grafeneck getöteten Personen betrug nach Statistik des Zeugen Baron:

aus württembergischen Anstalten	3884
aus badischen Anstalten	4451
aus bayrischen Anstalten	1864
aus der Anstalt Bedburg-Hau	455
zusammen	10654

Mitte Dezember 1940 wurde der Betrieb der Vernichtungsanstalt Grafeneck eingestellt. Der Grund hierfür war nicht mit Sicherheit festzustellen; er dürfte aber wohl darin liegen, dass die Aktion allmählich in ganz Württemberg bekannt wurde, es ein allgemeines Ärgernis gab und eine große Anzahl von Protesten, insbesondere aus kirchlichen Kreisen, auslöste.

Die sogenannte »Tötung unwerten Lebens« in Grafeneck wurde vom 18. Januar bis Mitte Dezember 1940 durchgeführt. Insgesamt fielen der Euthanasie-Aktion in Deutschland 70243 Menschen zum Opfer, wobei noch von einer Dunkelziffer beträchtlichen Ausmaßes auszugehen ist. Wenn man die Tötungen aus der Einzeleuthanasie in Behinderteneinrichtungen und Krankenhäusern und der Kindereuthanasie dazu rechnet, dürften die Opferzahlen um ein Vielfaches höher sein.

Aus der Anklageschrift gegen

Obermedizinalrat a. D. Dr. Otto Mauthe, wohnhaft in
Stuttgart-Degerloch, Erwin-Bätz-Str. 43
und Kochertürn, Kreis Heilbronn, Hauptstr. 55

Aussage Dr. Mauthe

»Ich kam 1936 als ärztlicher Berichterstatter in das württ. Innenministerium Stuttgart. Hauptberichterstatter war Med.-Rat Dr. Stähle. Mein Verhältnis zu ihm war reichlich schlecht. Er war ein Parteigenosse. Ich stand der Partei ablehnend gegenüber, war aber auch Parteigenosse, zu meinem Dienstbereich gehörte das Irrenwesen.

Die Kranken wurden meist mit Omnibussen mit je 25 Plätzen, so dass die Transporte etwa 75 Menschen umfassten. Die Kranken wurden sofort nach Eintreffen in die Aufnahmebaracke gebracht, vom Pflegepersonal entkleidet und dann dem Tötungsarzt vorgeführt. Waren alle im Vergasungsraum, so wurde dieser verschlossen und es wurde vom Tötungsarzt aus dem danebenliegenden kleinen Raum Kohlenmonoxydgas eingelassen, das den Tod der Kranken innerhalb weniger Minuten sicher und offenbar schmerzlos herbeiführte. Die Leichen wurden anschließend sofort verbrannt.

Ich habe, trotz Androhung der Todesstrafe, meine ganze Kraft dafür eingesetzt, möglichst viel von dem Tode bedrohte Irren zu retten. Das ist mir auch in erheblichem Umfange gelungen. Dr. Stähle wies mich darauf hin, dass ich bei sofortiger Todesstrafe nichts dagegen unternehmen, mich nicht widersetzen dürfe. [...] Bei Würdigung von Zeugenaussagen muss allerdings berücksichtigt werden, dass ich nicht in der Lage war, meine auf Rettung der Kranken gerichtete Einstellung immer offen zu zeigen, das hätte mir mindestens die Einweisung in ein KZ, wenn nicht die Todesstrafe gebracht. Ich war genötigt, mich zu tarnen, und es mag wohl sein, dass ich bei Nicht-Einsichtigen den Eindruck erweckt habe, als ob ich die Irrenverfolgung wirklich betrieben hätte. [...] Bemerken muss ich noch besonders, dass, wenn ich mein Amt als Referent für das Irrenwesen zu jenem Zeitpunkte unter Aufopferung meiner Person aufgegeben hätte, so wäre an meine Stelle eben ein anderer getreten, der sein Amt zur Vertilgung der Irren, nicht aber wie ich zu ihrer Rettung geführt hätte.«

Das Verhalten des Dr. Mauthe weist auf bewusste Mitarbeit in schärferer Form hin.

Kurz vor Prozessbeginn am 7. 6. 1949 verstarb Mauthes Vorgesetzter, der Mitangeklagte Dr. Stähle. Diese Tatsache benutzte Mauthe vor Gericht um einen Befehlsnotstand geltend zu machen und sämtliche Schuld auf den Verstorbenen abzuschieben, denn der konnte sich ja nicht mehr wehren. Das Gericht durchschaute jedoch diesen Plan und folgte den Auslassungen Mauthes nicht. Mauthe wurde im Prozess als Hauptschuldiger eingestuft.

Im Namen des Deutschen Volkes !

URTEIL

in der Strafsache gegen

Dr. med. Otto M a u t h e, ehem. Obermedizinalrat im
Württ. Innenministerium, geb. am 9. 11. 1892
in Derdingen, Kreis Vaihingen.

Wegen Beihilfe zum Mord und Verbrechen gegen die
Menschlichkeit
hat das Schwurgericht Tübingen in den Sitzungen vom
8. 6. – 5. 7. 1949, an der teilgenommen haben

Oberamtsrichter Dieterich, als Vorsitzender
Amtsgerichtsrat Rietschel und
Amtsgerichtsrat Dreger, als beisitzende Richter

für Recht erkannt:

Der Angeklagte Dr. Otto Mauthe wird wegen eines Verbrechens gegen die Menschlichkeit in Form der Beihilfe zu der

Gefängnisstrafe von 5 Jahren

verurteilt.

Auf diese Strafe wird die erlittene Untersuchungshaft in voller Höhe von einem Jahr und 25 Tagen angerechnet.

Die Angeklagten Dr. Mauthe, Dr. Stegmann und Dr. Fauser, haben, soweit sie verurteilt sind, die Kosten des gegen sie gerichteten Verfahrens zu tragen. Im Übrigen fallen die Kosten der Staatskasse zur Last.

(Zwei weitere Angeklagte wurden zu Gefängnisstrafen von 2 Jahren sowie 1 Jahr und 6 Monaten verurteilt. 6 Angeklagte wurden freigesprochen.)

Ks 6/49 Abschrift! Im Namen des Deutschen Volkes!

U r t e i l !

In der Strafsache gegen

1) Dr.med. Otto M a u t h e , ehem. Obermedizinalrat im Württ. Innenministerium, geb. am 9.11.1892 in Derdingen, Krs. Vaihingen, wohnhaft in Kochertürn, Krs. Heilbronn,
2) Dr. med. Max E y r i c h , Facharzt für Psychiatrie und prakt. Arzt, geb. am 22.3.1897 in Stetten a.k.M., wohnhaft in Ebingen, Gartenstrasse 65,
3) Dr.med. Alfons S t e g m a n n , ehem. Medizinalrat, geb. am 16.5.19o8 in Granheim, Krs. Ehingen, wohnhaft in Zwiefalten, Krs. Münsingen,
4) Dr.med. Martha F a u s e r , ehem. Medizinalrätin, geb. am 8.8.1889 in Stuttgart, wohnhaft in Zwiefalten , Krs. Münsingen,
5) Heinrich U n v e r h a u , Krankenpfleger und Musiker, geb. am 26.5.1911 in Viennenburg, Krs. Goslar, wohnhaft in Frellstedt bei Helmstedt, Nr.113,
6) Maria A p p i n g e r , Krankenpflegerin, geb. am 3.7.19o3 in Nürnberg, wohnhaft in Zell b. Eichelberg/Göppingen,
7) Jakob W ö g e r , ehem. Kriminalkommissar, geb. am 3.5.1897 in Steinheim, Krs. Heidenheim, wohnhaft in Esslingen a.N., Oberer Metzgerbach 24,
8) Hermann H o l z s c h u h , ehem. Kriminalsekretär, geb. am 23.2.19o7 in Stuttgart, wohnhaft in Stuttgart, Johannesstr.94,

wegen Beihilfe zum Mord und Verbrechen gegen die Menschlichkeit

hat das S c h w u r g e r i c h t T ü b i n g e n in der Sitzung vom 8.6. - 11.6.,13.6.-15.6.,17.6. -18.6.,2o.6.-24.6., 27.6.-28.6.,3o.6. und 5.7.1949, an der teilgenommen haben

Oberamtsrichter D i e t e r i c h
als Vorsitzender

Amtsgerichtsrat R i e t s c h e l
Amtsgerichtsrat D r e g e r
als beisitzende Richter

Ludwig J u n g e r ,Bürgermeister u.Landwirt
in Stockach, Krs.Tübingen,
Wilhelm H e b e r l e,Mechanikermeister in
Rottenburg, Krs.Tübingen,
Johannes B r o s s , Bürgermeister i.R. in Pful-
lingen, Krs.Reutlingen,
Fabian Z i n t g r a f , Werkmeister in Burla-
dingen, Krs.Hechingen
Karl V o l l e , Bürgermeister und Landwirt
im Bebenhausen, Krs.Tübingen,
Christian M a i e r , Hauptlehrer in Kirchen-
tellinsfur6, Krs.Tübingen

als Geschworene

Oberstaatsanwalt K r a u s s
Amtsgerichtsrat R e i c h l e
Staatsanwalt H a i l e

als Beamte der Staatsanwaltschaft

Justizinspektor B r e n d l e
als Urkundsbeamter der Geschäftsstelle

für R e c h t erkannt:

Der Angeklagte Dr. Otto M a u t h e wird wegen eines Verbrechens gegen die Menschlichkeit in Form der Beihilfe zu der

Gefängnisstrafe von 5 Jahren

verurteilt. Auf diese Strafe wird die erlittene Untersuchungs - haft in voller Höhe von einem Jahr und 25 Tagen angerechnet.

Der Angeklagte Dr. Alfons S t e g m a n n wird wegen eines Verbrechens gegen die Menschlichkeit in Form der Beihilfe zu der

Gefängnisstrafe von 2 Jahren

verurteilt.

Die Angeklagte Dr. Martha F a u s e r wird wegen 3 Verbrechen des Totschlags zu der

Gesamtgefängnisstrafe von 1 Jahr 6 Monaten

verurteilt. Die Strafe ist durch die erlittene Untersuchungshaft verbüsst. Das Verfahren wegen eines Vergehens der Tötung auf Verlangen wird wegen Verjährung eingestellt. Im übrigen wird die Angeklagte Dr. Martha Fauser

f r e i g e s p r o c h e n.

Die Angeklagten Dr. E y r i c h , U n v e r h a u , A p p i n g e r , W ö g e r und H o l z s c h u h werden

f r e i g e s p r o c h e n.

BEGRÜNDUNG

(In Auszügen)

I. Die Tötung von »Geisteskranken« durch den Nationalsozialismus

Die Frage der Vernichtung »lebensunwerten« Lebens ist schon vor der Machtübernahme durch Hitler wiederholt in juristischen, medizinischen und theologischen Kreisen erörtert worden. Wenn die Vernichtung »lebensunwerten« Lebens auch meistens aus weltanschaulichen und rechtspolitischen Gründen abgelehnt wurde, so fanden sich doch auch namhafte Vertreter, die sie befürworteten. Es sei hier nur auf die 1920 erschienene Schrift von Binding und Roche »Die Freigabe der Vernichtung unlebenswerten Lebens, ihr Maß und ihre Form« verwiesen. Die Befürworter bejahten sie jedoch nur in engen Grenzen und unter der Voraussetzung, dass die Tötungen auf Grund eines geordneten, mit allen Sicherheiten ausgestatteten Verfahrens erfolgen. Eine gesetzliche Regelung haben diese Erörterungen nirgends gefunden. (...)

Im nationalsozialistischen Staat erging nach Ausbruch des Krieges im Oktober 1939 ein Geheimerlass Hitlers, vordatiert auf 1. September 1939, mit folgendem Inhalt:

»Reichsleiter Bouhler und Dr. med. Brandt sind unter Verantwortung beauftragt, die Befugnisse namentlich zu bestimmender Ärzte so zu erweitern, dass nach menschlichem Ermessen unheilbar Kranken bei kritischer Beurteilung ihres Krankheitszustandes der Gnadentod gewährt werden kann.« (Original Seite 7).

Das Schreiben weist den handschriftlichen Vermerk des damaligen Reichsjustizministers auf: *»Von Bouhler, mir übergeben am 27. 8. 1940, Dr. Gürtner«*. Auf Grund dieses Erlasses wurde durch das von dem Zeugen Brack geleitete Amt 2 der Kanzlei des Führers mit Unterstützung der Gesundheitsabteilung des Reichsinnenministeriums (RIM) die Tötung von »Geisteskranken«, »Geistesschwachen« und Epileptikern durchgeführt, im Folgenden kurz »Aktion« genannt. Hierzu wurden folgende Einrichtungen geschaffen:

1. Die Reicharbeitsgemeinschaft Heil- und Pflegeanstalten (RAG) in Berlin.
2. Die Gemeinnützige Stiftung für Anstaltspflege in Berlin.
3. Die Gemeinnützige Krankentransport G.m.b.H. Berlin.

Die Bezeichnung dieser Einrichtungen diente offensichtlich der Tarnung. Ihre Erlasse und Verfügungen liefen regelmäßig unter »Geheime Reichssache«. Das Personal wurde unter schwersten Strafandrohungen zu strengster Verschwiegenheit verpflichtet.

Die Leiter der Heil- und Pflegeanstalten erhielten einen Erlass des RIM, worin sie »im Hinblick auf die Notwendigkeit planwirtschaftlicher Erfassung der Heil- und Pflegeanstalten« ersucht wurden, über jeden Einzelnen eines bestimmten Kreises ihrer Kranken einen Meldebogen auszufüllen, der außer den Personalien auf zwei Zeilen eine Diagnose, auf drei Zeilen eine Äußerung über die Art der Beschäftigung, also über die Arbeitsfähigkeit enthalten musste, und der ferner über die Dauer des Anstaltsaufenthalts und darüber, ob es sich um einen als »kriminell« eingewiesenen »Geisteskranken« handelt, Auskunft geben sollte. (Akt. Bd. 9/3). Die ersten derartigen Erlasse waren vom 9.10.1939 datiert. Die beiliegenden Meldevordrucke mussten auf 1.11.1939 ausgefüllt dem RIM zurückgereicht werden. Später wurden die Fragen über Krankheit und Arbeitsfähigkeit in den Vordrucken etwas eingehender gestaltet. Außer dem Meldebogenvordrucken lag dem Erlass ein Merkblatt bei, in dem der Kreis der zu Meldenden angegeben war. Danach waren zu melden:

a) Die in den Anstaltsbetrieben nicht oder nur mit
b) mechanischen Arbeiten zu beschäftigen waren und
an nachstehenden Krankheiten litten:
Schizophrenie, Epilepsie, senile Erkrankungen, therapierefraktäre Paralyse und andere Lues-Erkrankungen, »Schwachsinn« jeder Ursache,

c) Encephalitis, Huntington und andere neurologischen »Endzustände« oder
d) die sich mindestens 5 Jahre dauernd in der Anstalt befanden,
e) als »kriminelle Geisteskranke« verwahrt werden, nicht die deutsche Staatsangehörigkeit besaßen oder nicht deutschen oder artverwandten »Blutes« waren, unter Angabe von »Rasse« und Staatsangehörigkeit.

Der eigentliche Zweck der Meldebogen wurde verschwiegen, so dass die Anstaltsleiter meist in dem Glauben waren, es handle sich um eine rein statistische Erfassung oder um die Heranziehung Arbeitsfähiger zum Kriegseinsatz. Letzteres veranlasste manchen Anstaltsleiter sogar, die Arbeitsleistung ihrer Pfleglinge möglichst niedrig anzusetzen, um auf diese Weise die notwendigen Arbeitskräfte für ihre Anstaltsbetriebe zu erhalten.

Diese Meldebögen konnten wegen der kurzen Meldefrist, der großen Zahl der Pfleglinge und der knappen Fragestellungen kein hinreichendes Bild über den wirklichen Zustand der Kranken abgeben. Trotzdem dienten sie als Grundlage über die Entscheidung, welche Kranken zu töten waren. Krankenakten wurden nur sehr selten beigezogen, eine Untersuchung der Kranken hatte nie stattgefunden.

Die RAG fertigte von den ihr übermittelten Meldebögen Photokopien an und leitete diese an drei oder vier Gutachter, meist Psychiater, weiter. Diese entschieden unabhängig voneinander, ob die Kranken getötet werden sollten. Kamen sie zu einem einstimmigen Beschluss für die Tötung, so wurde noch ein Obergutachten eingeholt. Befürwortete es ebenfalls die Tötung, so kam der Kranke auf die Tötungsliste. Die Namen der für die Tötung vorgesehenen Personen wurden in Transportlisten zusammengestellt. Diese Listen wurden, teilweise durch die Vermittlung der Vernichtungsanstalten, den Innenministerien der Länder, zur Veranlassung der Verlegung der darauf verzeichneten Kranken zum Zwecke der Tötung übersandt.

Derartige Vernichtungsanstalten befanden sich in Grafeneck, Krs. Münsingen, Brandenburg/Havel, in Bernburg/Saale, in Hartheim bei Linz/Donau, in Sonnenstein bei Pirna/Sachsen und in Hadamar bei Limburg/Hessen. Diese Anstalten waren teils gleichzeitig, teils auch nacheinander in Betrieb.

Die Aktion wuchs sich zu einer Massentötung in diesen Anstalten aus, die mit einer Sterbehilfe oder einem Gnadentod im eigentlichen Sinne nichts mehr zu tun hatte. In Deutschland wurden auf diese Weise mindestens 70.243 Menschen umgebracht. Ende 1941 wurden die Tötungen in diesen Vernichtungsanstalten auf Befehl Hitlers abgebrochen; ob auf Grund der immer stärker werdenden Proteste, insbesondere aus kirchlichen Kreisen oder aus anderen Gründen ist nicht bekannt.

Samariterstift Grafeneck, um 1940, © Dokumentationszentrum

Gedenkstätte Grafeneck, © Dokumentationszentrum

II. Die Durchführung der Aktion in Württemberg

1. Die Massentötungen

In Württemberg war das württembergische Innenministerium (WIM), Geschäftsteil Gesundheitswesen in die Aktion eingeschaltet. Leiter dieses Geschäftsteils war der in der Untersuchungshaft verstorbene Ministerialrat Dr. Stähle. Sein Referent für das »Irrenwesen« war der Angeklagte Obermedizinalrat Dr. Otto Mauthe. Er war der einzige Beamte des Innenministeriums der von Dr. Stähle in die Aktion offiziell eingeweiht und zur Verschwiegenheit verpflichtet worden war. Außer ihm wurden in Württemberg nur noch die Leiter einiger Heilanstalten eingeweiht und zur Verschwiegenheit verpflichtet, während die Mehrheit der Anstaltsvorstände, besonders der nichtstaatlichen caritativen Anstalten offiziell nie eingeweiht wurden. Von der Aktion wurden in Württemberg insgesamt 48 Anstalten erfasst, zu denen noch das Landeskrankenhaus in Sigmaringen, preuß. Regierungsbezirk Hohenzollern, kam. Den größeren Anstalten gingen die oben erwähnten Meldebögen im Oktober 1939 zu, und diese wurden auch von diesen, wie verlangt, ausgefüllt. Die kleineren Anstalten, deren Pfleglinge durch Meldebögen ursprünglich nicht erfasst worden waren, wurden später von den Angeklagten Dr. Mauthe und Dr. Eyrich aufgesucht, und die Meldebögen an Ort und

Stelle ausgefüllt. Durch Erlass des WIM vom 23. 11. 1939, wurde den Anstalten mitgeteilt, dass die gegenwärtige Kriegslage einer Anzahl Kranken aus Heil- und Pflegeanstalten, notwendig mache, und dass die notwendigen Verlegungen, die unter der Mitgabe der Krankenakten, die in Sammeltransporten erfolgen sollten, vom WIM im Auftrag des Reichsverteidigungskommissar von Fall zu Fall angeordnet würden. Die Benachrichtigung der Angehörigen erfolge durch die Aufnahmeanstalt (Bd. 9/9). Den Abgabeanstalten gingen in der Folgezeit die Transportlisten mit den Namen der in Frage kommenden Kranken und einem schematischen Verlegungserlass (Bd. 9/15) zu. Kurz darauf erschienen die Transportautos, deren Transportführer eine Zweitschrift der Listen besaßen, holten die Kranken ab und verbrachten sie zumeist unmittelbar, teilweise auch über eine Zwischenanstalt nach Grafeneck, später nach Hademar, wo sie, bis auf ganz wenige Ausnahmen, getötet wurden.

Da befürchtet wurde, dass die Angehörigen der zu verlagernden Kranken Schwierigkeiten machen könnten, wurde ausdrücklich angeordnet, dass die Benachrichtigung der Angehörigen nicht durch die Abgabeanstalt erfolgen dürfe. Erlass vom 19. 2. 1940.

Um die Listen der erfassten Kranken auf dem Laufenden halten zu können, wurde verfügt, dass alle Entlassungen und Todesfälle von Anstaltsinsassen anzuzeigen seien. Erlass vom 27. 4. 1940.

Die Tötungen wurden aber in Form der Einzeltötungen in verschiedenen Anstalten Deutschlands noch fortgesetzt, und zwar durch überdosierte Betäubungs- und Einschläferungsmittel, während in den Vernichtungsanstalten Kohlenoxydgas verwendet worden war.

Um Entlassungen von Kranken zur Vermeidung der Tötung zu unterbinden, wurden zunächst die Entlassungen mit Erlass vom 9. 8. 1940 genehmigungspflichtig gemacht.

Am 9. 9. 1940 erging ein allgemeiner Sperrerlass (Bd. 9/31). Danach wurde auf Weisung des Reichsverteidigungskommissars für den Wehrkreis V angeordnet, dass Anstaltsinsassen nur mit Genehmigung des Innenministeriums entlassen oder in eine andere Anstalt verlegt werden dürften. Entlassungs- und Verlegungsanträge mussten von den Anstalten eindeutig begründet werden. Die hierauf eingegangenen Entlassungs- und Verlegungsanträge wurden zwar meist genehmigt, immerhin wurde auch eine Anzahl von Anträgen abgelehnt, darunter auch solche, bei denen die Entlassung von dem Anstaltsleiter genehmigt worden war.

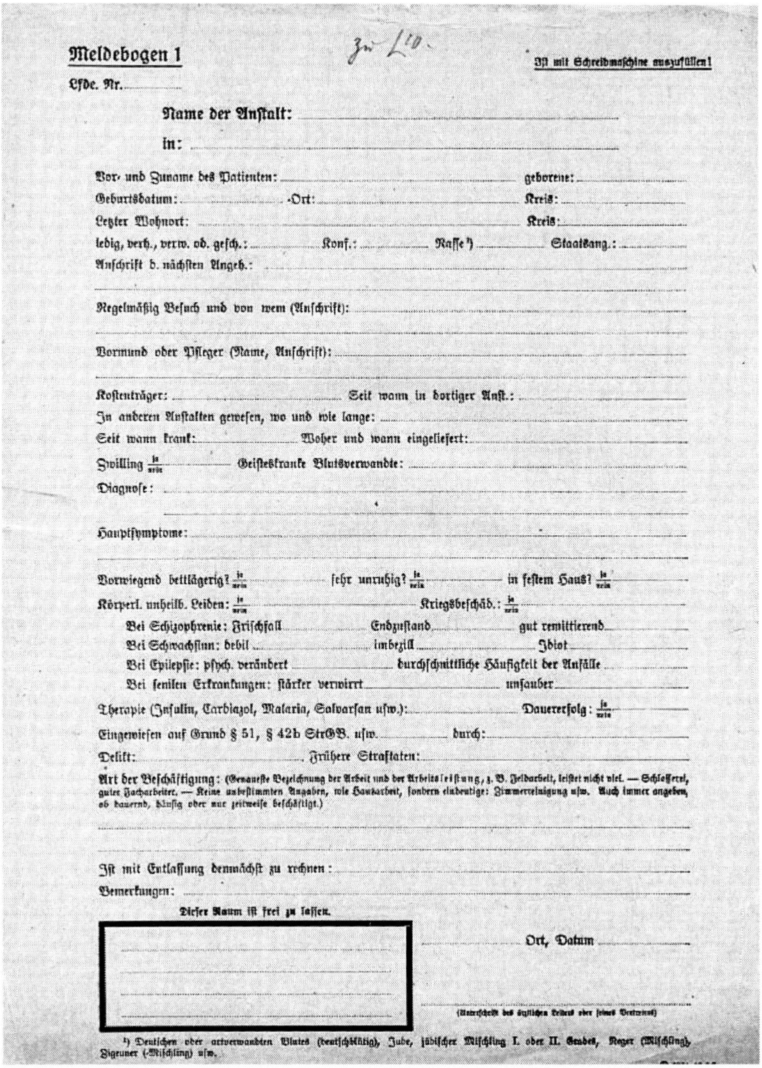

Meldebogen 1

zu L 10.

Ist mit Schreibmaschine auszufüllen!

Lfde. Nr. ....

Name der Anstalt: ....

in: ....

Vor- und Zuname des Patienten: .... geborene: ....

Geburtsdatum: .... Ort: .... Kreis: ....

Letzter Wohnort: .... Kreis: ....

ledig, verh., verw. od. gesch.: .... Konf.: .... Rasse [1]) .... Staatsang.: ....

Anschrift d. nächsten Angeh.: ....

Regelmäßig Besuch und von wem (Anschrift): ....

Vormund oder Pfleger (Name, Anschrift): ....

Kostenträger: .... Seit wann in dortiger Anst.: ....

In anderen Anstalten gewesen, wo und wie lange: ....

Seit wann krank: .... Woher und wann eingeliefert: ....

Zwilling ja/nein .... Geisteskranke Blutsverwandte: ....

Diagnose: ....

Hauptsymptome: ....

Vorwiegend bettlägerig? ja/nein .... sehr unruhig? ja/nein .... in festem Haus? ja/nein ....

Körperl. unheilb. Leiden: ja/nein .... Kriegsbeschäd.: ja/nein ....

Bei Schizophrenie: Frischfall .... Endzustand .... gut remittierend ....

Bei Schwachsinn: debil .... imbezill .... Idiot ....

Bei Epilepsie: psych. verändert .... durchschnittliche Häufigkeit der Anfälle ....

Bei senilen Erkrankungen: stärker verwirrt .... unsauber ....

Therapie (Insulin, Cardiazol, Malaria, Salvarsan usw.): .... Dauererfolg: ja/nein ....

Eingewiesen auf Grund § 51, § 42b StrGB. usw. .... durch: ....

Delikt: .... Frühere Straftaten: ....

Art der Beschäftigung: (Genaueste Bezeichnung der Arbeit und der Arbeitsleistung, z. B. Feldarbeit, leistet nicht viel. — Schlosserei, guter Facharbeiter. — Keine unbestimmten Angaben, wie Hausarbeit, sondern eindeutige: Zimmerreinigung usw. Auch immer angeben, ob dauernd, häufig oder nur zeitweise beschäftigt.)

Ist mit Entlassung demnächst zu rechnen: ....

Bemerkungen: ....

Dieser Raum ist frei zu lassen.

.... Ort, Datum ....

....
(Unterschrift des ärztlichen Leiters oder seines Vertreters)

[1]) Deutschen oder artverwandten Blutes (deutschblütig), Jude, jüdischer Mischling I. oder II. Grades, Neger (Mischling), Zigeuner (-Mischling) usw.

Meldebogen für Grafeneck

2. Grafeneck

Im Oktober 1939 wandte sich der Ministerialdirigent Dr. Linden an Dr. Stähle mit der Aufforderung, eine kleinere Anstalt in Württemberg als Vernichtungsanstalt zu Verfügung zu stellen. Zu diesem Zweck wurde das der Samariterstiftung e. V. gehörende »Krüppelheim Grafeneck«, Gemeinde Dapfen, Krs. Münsingen auf Weisung des WIM vom 12. 10. 1939 durch den Landrat in Münsingen beschlagnahmt. Es musste vollständig geräumt werden und wurde als Vernichtungsanstalt eingerichtet. Infolge des zu erwartenden großen Anfalls von Sterbefällen wurde der Bereich der Anstalt aus dem Standesamtsbezirk Dapfen herausgenommen, und dort ein eigener polizeilicher Standesamtsbezirk gebildet.

Der Friedhof von Grafeneck, © Gedenkstätte

Die Räume des ehemaligen Schlosses Grafeneck dienten der Unterbringung des Personals und der Büroräume. Der eigentliche Vernichtungsraum befand sich etwa 300 Meter entfernt in einem früher der Landwirtschaft dienenden Schuppen, der mit einem hohen Bretterzaun abgesperrt war. Daneben befand sich eine große Holzbaracke mit einem Schlafsaal, der fast nie benutzt wurde, und dem Arztzimmer. Neben dem Vergasungsraum befanden sich noch 2 oder 3 fahrbare Verbrennungsöfen.

Die ganze Anstalt Grafeneck war durch Schranken und Tafeln mit der Aufschrift »Seuchengefahr« abgesperrt und durch Wachposten gesichert. Die Leitung der Anstalt besorgte zuerst der Tötungsarzt Dr. Schumann, der nicht mehr auffindbar ist, später Dr. Baumhardt, neben dem als zweiter Tötungsarzt noch Dr. Hennecke tätig war. Diese beiden sind später im Krieg gefallen.

Die Kranken kamen meist in Omnibussen mit je 25 Sitzplätzen, so dass die Transporte etwa 75 Menschen umfassten. Die Kranken wurde sofort nach ihrem Eintreffen in die Aufnahmebaracke gebracht, vom Pflegepersonal entkleidet und dann dem Tötungsarzt vorgeführt. Zurückstellungen erfolgten auf Grund der völlig oberflächlichen Prüfung, die für jeden Kranken nicht mehr als eine Minute im Durchschnitt in Anspruch nahm, nur in ganz unbedeutendem Umfange. Die Zahl der Rückkehrer betrug bei den württembergischen Anstalten 29, was noch nicht einmal 1% der Zahl der Getöteten aus württembergischen Anstalten ausmacht. Nach der »Untersuchung« wurden die Kranken in den Vergasungsraum gebracht. Dieser war als Duschraum mit vorgetäuschten Wasserröhren getarnt. Waren alle im Vergasungsraum, so wurde er verschlossen, und es wurde von dem Tötungsarzt aus dem danebenliegenden kleinen Raum Kohlenoxydgas eingelassen, das den Tod der Kranken innerhalb weniger Minuten sicher und offenbar schmerzlos herbeiführte. Die Leichen wurden anschließend sofort verbrannt.

Die Tötungen wurden als Sterbefälle beim Standesamt Grafeneck beurkundet. Als Todesursache wurde jeweils eine vom Tötungsarzt angegebene falsche Todesursache eingetragen, ebenfalls wurde vielfach das Datum des Todes, später sogar der Ort des Todes falsch angegeben. Letzteres erfolgte in der Weise, dass die Vernichtungsanstalten aus Gründen der Tarnung die Todesnachrichten austauschten. Um ein Bekanntwerden der Tötungen in größerem Kreise zu verhindern, wurden in der sog. Absteckabteilung die Heimatorte der Getöteten mit bunten Stecknadeln bezeichnet und an Hand der Nadeln darauf geachtet, dass nicht an einem Ort mehrere Todesnachrichten zugleich eintrafen. Damit fand die Aktion für Württemberg ihren Abschluss.

3. Einzeltötungen

Darüber, dass in den württembergischen Anstalten im Rahmen der Aktion auch Einzeltötungen vorgenommen worden sind, konnten keine Feststellungen getroffen werden. Es besteht zwar der Verdacht, dass der Anstaltsarzt Dr. Gutekunst von Dr. Stähle, die Anstaltsärzte Dr. Götz und Dr. Fauser von Dr. Mauthe im Auftrag von Dr. Stähle dazu aufgefordert worden sind, doch ließen sich hierüber keine sicheren Feststellungen mehr treffen.

Die »Grauen Busse«, 1940, © Stuttgarter Nachrichten

4. Kinder-»Euthanasie«

Im November 1942 kam es zwischen Dr. Hefelmann und von Hegner vom Reichsausschuss einerseits und Dr. Stähle und Dr. Mauthe andererseits zu Besprechungen über die Einrichtung einer Fachabteilung für Kinder in Württemberg. Letzten Endes wurde aber davon abgesehen. Dagegen wurden aus Württemberg mindestens 93 Kinder in Fachabteilungen außerhalb Württembergs, überwiegend in die Anstalt Eichberg, verlegt und dort getötet. 5 dieser Einweisungen erfolgten durch das Württembergische Innenministerium, 75 durch die staatlichen Gesundheitsämter, der Rest auf Grund anderweitiger Verfügungen. Darüber hinaus wurden noch weitere Fälle bearbeitet, in denen es aber entweder schon zu keiner Verlegung, oder jedenfalls nicht nachweisbar zu einer Tötung gekommen ist.

Die im Vorstehenden getroffenen Feststellungen beruhen auf den glaubwürdigen Angaben des Dr. Stähle, der Zeugen Brack und Nitsche und des Angeklagten Dr. Mauthe hierzu, bezüglich der Anstalt Grafeneck auf den Angaben der Angeklagten Wöger, Holzschuh, Unverhau und Appinger, ferner auf den erwähnten Urkunden, die in der Hauptverhandlung verlesen wurden, und bezüglich der statistischen Feststellungen auf den Angaben des Zeugen Baron.

Das Gericht hat sich auf Grund der Darlegungen dieses Zeugen davon überzeugt, dass die Aufstellungen dieser Statistiken mit einer Pünktlichkeit erfolgt ist, die ins Gewicht fallende Fehler ausschließt.

© Universität Heidelberg

In einer Reihe von Fällen hat Dr. Mauthe Anordnungen zur Verlegung von Kindern in Tötungsanstalten, teils weitergegeben, teils selbst erlassen.

Im Einzelnen konnte auf Grund der im Bd. 55 befindlichen Originalakten folgendes festgestellt werden:

Margarethe Michelfelder, Ludwigsburg.

Das Kind befand sich in der Anstalt Heggbach. Dr. Mauthe gab die Weisung, an das Staatliche Gesundheitsamt Ludwigsburg, das Kind nach Eichberg zu verbringen. Die Verlegung und die Tötung ist erfolgt.

Lore Finsterle, Anstalt Weinsberg.

Die Eltern baten, das Kind von seinen Leiden zu erlösen. Die Anstalt Weinsberg berichtete darauf an das Württembergische Innenministerium. Der Bericht wurde an den Reichsausschuss weitergeleitet. Darauf schrieb der Reichsausschuss an Dr. Stähle, das Kind solle nach Eichberg verlegt werden. Dr. Mauthe gab nun die Anweisung an die Anstalt Weinsberg. Die Verlegung und Tötung erfolgte hierauf.

Oswald Killinger, Anstalt Heggbach.

Auf Grund der Meldung des Gesundheitsamts Stuttgart schrieb der Reichsausschuss an Dr. Stähle: »Ich bitte zu erwägen, ob die Möglichkeit einer unauffälligen Verlegung nach Eichberg gegeben ist. Zutreffendenfalls bitte ich das Erforderliche zu veranlassen«. Daraufhin hat Dr. Mauthe die Akten angefordert und die Verlegung des Kindes nach Eingang der Akten angeordnet. Die Verlegung und Tötung ist erfolgt.

Erich Ruthardt, Stuttgart.

Ruthardt wurde vom Gesundheitsamt Stuttgart dem Württembergischen Innenministerium gemeldet. Obwohl der Kranke über 16 Jahre alt war, hat Dr. Mauthe die Meldung an den Reichsausschuss weitergereicht. Der

Reichsausschuss gab die Meldung zurück, da er nicht zuständig sei. Er stellte aber anheim, sich direkt mit Eichberg in Verbindung zu setzen. Der Angeklagte gab diese Anheimstellung an das Gesundheitsamt Stuttgart weiter, das die Mutter des Erich Ruthardt veranlasste, das Kind nach Eichberg zu bringen. Dort ist das Kind wenige Tage darauf gestorben.

Peter Warnecke, Waiblingen.

Der Reichsausschuss ordnete die Verbringung in das städtische Kinderhaus oder nach Eichberg an. Dr. Mauthe gab diese Anweisung an das Kinderheim Waiblingen weiter, ohne von der Wahlmöglichkeit Gebrauch zu machen, die Einweisung nur nach Stuttgart anzuordnen, wo, wie er wusste, keine Tötungen vorgenommen wurden. Eine Verlegung ist nachher allerdings nicht erfolgt.

© taz, Berlin

5. Die rechtliche Beurteilung der Aktion T4

Das Gericht hat in den Massentötungen von »Geisteskranken«, »Geistesschwachen«, Epileptikern und »missgestalteten« Kindern ein Verbrechen gegen die Menschlichkeit im Sinne des Art. II/Ic des Kontrollratsgesetzes Nr. 10 gesehen. Es handelte sich um die Ausrottung eines ganzen Bevölkerungsteils – in diesem Fall der genannten »Geisteskranken« – im Wege der Massentötung aus überwiegend materiellen und wirtschaftlichen Beweggründen. Es sollten unnütze Esser beseitigt und die Anstaltsgebäude und das Pflegepersonal für andere Ziele freigemacht werden. Das Wort »Gnadentod« in dem Hitlererlass ist lediglich zur Tarnung gebraucht worden, um den Anschein zu erwecken, es handle sich um eine Wohltat für die Betroffenen.

Die Aktion ermangelte der gesetzlichen Grundlage. Das Gericht schließt sich der allgemein herrschenden Meinung in Schrifttum und Rechtsprechung an, dass der Erlass vom 1. 9. 1939 schon aus formellen Gründen keine verbindliche Gesetzeskraft hatte. Auch wenn man davon ausgeht, dass auf Grund des Ermächtigungsgesetzes Hitler damals berechtigt war, ohne Mitwirkung des Reichstags, Gesetze, Verordnungen und Erlasse mit allgemeiner Verbindlichkeit herauszugeben, so muss doch als Mindesterfordernis für deren Gültigkeit verlangt werden, dass die selben, wenn schon nicht der breiten Öffentlichkeit, so doch mindestens dem Kreis der Beteiligten bekanntgegeben werden. Das ist nicht geschehen, selbst der Reichsjustizminister Dr. Gürtner hat, wie aus einem handschriftlichen Vermerk auf dem Erlass hervorgeht, erst etwa ein Jahr später, als die Aktion schon im Gang war, offiziell davon Kenntnis erhalten. Die Anstaltsärzte wurden bei der Ausfüllung der Meldebogen, der wichtigsten Grundlage für die Entscheidung über Leben und Tod der Kranken, über deren Bedeutung im Unklaren gelassen und wurden erst später, und auch da nur zum kleineren Teil, eingeweiht. Dasselbe gilt – von dem kleinen Kreis der Hauptbeteiligten abgesehen – auch für die übrigen Mitwirkenden.

Aber selbst dann, wenn der Geheimerlass vom 1. 9. 1939 der Gesetzesform genügen würde, wäre er nicht verbindlich. Diese Ausrottungsaktion ist in ihrer ganzen Heimtücke und Verlogenheit bei der Durchführung eine so schwere Verletzung der existentiellen Rechte und Pflichten der Menschheit gewesen, dass keine Macht im Stande ist, ihr den Stempel des Rechts zu geben.

Die §§ 211 ff StGB stellen die vorsätzliche Tötung von Menschen unter schwerste Strafen. Erlaubt waren solche Tötungen den Soldaten im Kriege und dem Scharfrichter auf Grund eines richterlichen Urteils. Unter der Herrschaft des Nationalsozialismus wurden diese Normen nach außen unabgeändert aufrechterhalten und genau laufend wie vor 1933 und wieder nach 1945 angewandt. Die Aktion bedeutete eine geheime Abänderung dieser Normen des geltenden Strafgesetzes durch Machthaber des Nationalsozialismus. Eine solche geheime Abänderung derart wichtiger und grundlegender Normen für das menschliche Zusammenleben innerhalb eines Staatswesens unter Aufrechterhaltung der Normen nach außen wie zuvor kann nicht rechtens sein, es muss möglich sein, nach den Normen, die sie selbst nach außen als Recht beließen, diejenigen zur Rechenschaft zu ziehen, die diese Normen nur deshalb, weil sie die Macht hatten, insgeheim abänderten. Das kann theoretisch zu jeder Zeit geschehen, praktisch aber nur dann, wenn ihre Macht zu Ende ist.

Bei der Aktion handelt es sich um vorsätzliche und, wie ausgeführt, rechtswidrige Tötungen von Menschen. Sie erfolgten mit Überlegung, denn sie waren wohl organisiert, durchdacht, durchgeführt und getarnt. So sind die Voraussetzungen für die Anwendbarkeit des § 211 StGB alter Fassung, wie er damals noch galt, gegeben. Aber auch die Erfordernisse zur Anwendung des § 211 StGB neuer Fassung sind vorhanden. Die Tötungen erfolgten heimtückisch. Aufgabe des Arztes ist es, zu heilen! Das ist seit

Hippokrates ein unverbrüchliches Gesetz. Wenn nun unter falschem Vorbringen einer Verlegung und anderweitigen Fürsorge die Stellung des Arztes dazu missbraucht wird, seine ihm anvertrauten Kranken in irgendeiner Form dem Tode zuzuführen, so ist dieses Handeln heimtückisch. Auch das Tatbestandsmerkmal der Grausamkeit ist teilweise gegeben. War auch der letzte Tötungsakt schmerzlos, so ist die Grausamkeit darin zu sehen, dass viele Kranken noch bei genügend Sinnen waren, um zu erkennen, dass sie dem Tode zugeführt wurden, so dass sie die furchtbaren Todesängste ausstehen mussten. Es kam vor, dass einzelne zu fliehen versuchten, auch schrieben manche erschütternde Abschiedsbriefe.

Die Tötungen erfolgten aus niedrigen Beweggründen. Nicht Mitleid war der Grund der Aktion, sondern rein materielle Erwägungen, nämlich die Ausmerzungen Arbeitsunfähiger, die deshalb auch als »lebensunwert« bezeichnet wurden. Man wollte diese »unnützen Esser« loswerden. Wer aber aus rein wirtschaftlichen Erwägungen Menschenleben vernichtet, handelt aus niedrigen Beweggründen.

Eine zusammenfassende rechtliche Würdigung der Tötungen ist nach deutschem Strafrecht ausgeschlossen. Schwierigkeiten zeigen sich auch insbesondere dort, wo der Täter auf eine Tötung hinwirkte, eine Tötung aber nicht mehr erfolgte. So hatte der Angeklagte Dr. Mauthe bei einzelnen »geisteskranken« Kindern eine »Verlegung« in die Wege geleitet. Die Verlegung der Kinder konnte aber infolge des Zusammenbruchs der nationalsozialistischen Herrschaft nicht mehr erfolgen. Der Angeklagte müsste in diesen Fällen folgerichtig nach StGB § 49a wegen versuchter Beihilfe zu einem Verbrechen des Mordes schuldig gesprochen werden, wenn nicht das Verfahren insoweit ausdrücklich nach § 154 StPO eingestellt würde. Eine einheitliche Aburteilung wegen der an sich gleich gelagerten Straftaten wäre unstatthaft.

Bei der Prüfung der Frage, ob und in welchem Umfang die 4 Ärzte die genannten Voraussetzungen erfüllt haben, so dass ihnen der Schuldausschließungsgrund und die Pflichtkollision zugebilligt werden kann, ist das Gericht auf Grund der Hauptverhandlung im Fall Dr. Mauthe zu folgendem Ergebnis gelangt:

Dem Angeklagten Dr. Mauthe kann dieser Schuldausschließungsgrund nicht zugebilligt werden.

Er hat sich an der Aktion nicht um zu retten, beteiligt, sondern aus Furcht vor persönlichen Nachteilen. Wenn das Gericht ihm auch nicht geglaubt hat, dass er sich mit dem Tode oder KZ bedroht gefühlt hat, so kann doch auf Grund dieses im Verlauf der Hauptverhandlung immer wieder geltend gemachten Vorbringens so viel als festgestellt angesehen werden, dass er erhebliche berufliche Nachteile im Falle einer Versagung seiner Mitwirkung befürchtet, und dass ihn die ganze Angelegenheit auch seelisch belastete. Er war nicht willensstark genug, gegen seinen Vorgesetzten Dr. Stähle, der die viel stärkere Persönlichkeit war, entsprechend aufzutreten, sondern hat aus Angst vor dessen Ungnade mitgemacht. Wenn er, was ihm nicht zu widerlegen ist, sich auch dazu entschlossen hat, bei dieser Aktion zu bremsen, so war dies doch nicht der Beweggrund für seine Mitwirkung, sondern es erfolgte, nachdem er sich aus Furcht zur Mitwirkung entschlossen hatte, zur Beruhigung des Gewissens. Das gegenteilige Vorbringen des Angeklagten hat ihm das Gericht nicht geglaubt, insbesondere nicht, dass er gleich bei der ersten Eröffnung durch Dr. Stähle, nur deshalb keine Einwendungen erhoben habe, weil er sofort entschlossen gewesen sei, Sabotage zu betreiben und diese Sabotage habe tarnen wollen. Darüber hinaus hat der Angeklagte in den Fällen, in denen er im Rahmen des ihm zustehenden Ermessens und nach Maßgabe der gegebenen Richtlinien hätte helfen können, teils aus übertriebener Ängstlichkeit, teils aus bürokratischer Gleichgültigkeit nicht alle Möglichkeiten zur Rettung der Kranken ausgeschöpft, sondern die Aktion noch gefördert.

Soweit der Angeklagte Dr. Mauthe mit Genehmigung

und Billigung von Dr. Stähle in einer großen Zahl von Fällen aufgrund des Sperrerlasses Entlassungsgenehmigungen erteilte, lag das im Rahmen der allgemeinen Richtlinien und kann dem Angeklagten nicht als Verdienst angerechnet werden.

Darüber hinaus hat aber der Angeklagte Dr. Mauthe in einer Anzahl von Fällen die Genehmigung zur Entlassung verweigert. Zugunsten des Angeklagten sollen dabei die Fälle ausgeschieden werden, in denen die Anstalt selbst Bedenken gegen die Entlassung hatte, da hier unter Umständen mit der Entlassung des Kranken eine Gefährdung der Allgemeinheit verbunden gewesen wäre. Auch die vereinzelten Fälle, in denen die Entlassung aus Gründen der Heilung verweigert wurde, können ausscheiden. Es bleibt dann aber noch immer eine Reihe von Fällen, in denen der Angeklagte die Entlassung verweigert hat, obwohl diese von der betreffenden Anstalt befürwortet, die Verantwortung für die Entlassung also dadurch auf die Anstalt übertragen wurde, und bei der Genehmigung einer Entlassung weder für den Angeklagten noch für seine angebliche Rettungsaktion ein Risiko entstanden wäre.

Es handelt sich im Einzelnen um folgende Fälle, die an Hand der Originalurkunden sämtliche in der Hauptverhandlung dem Angeklagten vorgehalten und besprochen wurden:

Erwin Hartmann, Anstalt Liebenau. Die Anstalt befürwortete die Entlassung, da der Kranke ruhig sei und in Familienpflege gehalten werden könne. Der Angeklagte hatte die Entlassung abgelehnt.

Erich Deininger, Anstalt Liebenau. Die Entlassung wurde von der Anstalt befürwortet, da der Kranke harmlos sei und ihn seine Mutter 9 Jahre gepflegt habe. Die Entlassung wurde zunächst abgelehnt und eine eingehende Begründung des Antrags verlangt. Dann verwarf Dr. Mauthe erneut den Bescheid, die Entlassung könne nicht genehmigt werden. Erst auf den Besuch der Mutter hin, hat sich Dr. Mauthe, dazu entschlossen das Wort »nicht« durchzustreichen und in »ausnahmsweise« abzuändern.

Walter Reinmann, Anstalt Weinsberg. Die Anstalt befürwortete eine Verlegung in das Männerheim »Salonwald« in Ludwigsburg, da der Kranke nicht unbedingt anstaltsbedürftig sei. Die Entlassung wurde von Mauthe abgelehnt mit dem Zusatz, dass der Kranke nach der Krankengeschichte nicht arbeitsfähig und auch nicht entlassungsfähig sei.

Gebhard Baumann, Anstalt Rottenmünster (Rottweil). Der Antrag der Anstalt, den an sich harmlosen Pflegling (»willensschwacher Alkoholiker«) in das Altersheim Altshausen zu verbringen, wurde von Dr. Mauthe abgelehnt.

Ludwig Weissburger, Anstalt Pfingstweide (Jude). Die Anstalt teilte mit, dass der Pflegling sterilisiert und entlassungsfähig sei. Dr. Mauthe machte die Entlassung trotzdem erst vom Nachweis einer Arbeitsstelle abhängig. Auf dem Gesuch steht neben diesem Bescheid von Dr. Mauthe der Vermerk von Dr. Stähle: »Warum nicht gleich entlassen?«

Mathilde Reyinger, Anstalt Liebenau. Der Vater wollte die Entlassung, da er eine »Verlegung« befürchtete. Statt die Entlassung zu genehmigen, schrieb Mauthe auf das Gesuch, er meine, man sollte die Entlassung nicht genehmigen, er wisse aber nicht, ob für eine Entlassung eine Rechtsgrundlage da sei. Der Zeuge Dr. Kley, bemerkte dazu, es sei keine vorhanden. Dr. Stähle genehmigte die Entlassung.

Matthäus Steinle und Hilde Stern, Rosenharz. Trotz Befürwortung durch die Anstalt hat Dr. Mauthe die Entlassungen abgelehnt.

Berta Harr, Schwäbisch Hall. Der Antrag der Anstalt auf Entlassung hat Dr. Mauthe abgelehnt, obwohl die Anstalt mitteilte, die Harr sei bei ihrem Bruder »gut aufgehoben«.

Hilde Renschler, Schwäbisch Hall. Anstalt und Gesundheitsamt befürworten die Entlassung, trotzdem hat Dr. Mauthe abgelehnt.

Luise Köhler, Weinsberg. Dr. Mauthe lehnte die Verlegung der Kranken in ein Altersheim ab, mit der Maßgabe, das Gesuch solle später wieder vorgelegt werden.

Die ablehnende oder verzögerliche Behandlung dieser Fälle ist genau das Gegenteil einer Rettungsaktion. In allen Fällen musste der Angeklagte damit rechnen, dass die Pfleglinge der Aktion zum Opfer fallen, wenn sie in der Anstalt verbleiben. Es ist auch keine Gefahr für Dr. Mauthe oder seine Rettungsaktion ersichtlich, die hätte entstehen können, wenn er die Entlassungen genehmigt hätte. Es ist zwar in keinem der Fälle erwiesen, dass der Kranke später getötet worden ist. Dieser Nachweis ist aber auch nicht erforderlich, denn dem Angeklagten wird in diesem Punkt nicht die Beihilfe der Tötung gerade dieser Kranken zur Last gelegt, sondern seine geringe Betätigung im Sinne der Rettung.

6. Benachrichtigung von Angehörigen

Das eigentliche Verdienst der Benachrichtigung liegt bei den Anstaltsleitern. Bei etwaigen Beanstandungen von Berlin aus oder von Dr. Stähle hätte man sich an diese gehalten. Im Übrigen hat Dr. Mauthe aber ohne besondere Notwendigkeit die Anstalt Liebenau auf das Benachrichtigungsverbot hingewiesen, und hat die sehr scharfe

Rüge der RAG an Dr. Joos, Weinsberg, weitergegeben, ohne vorher mit Dr. Stähle Rücksprache zu nehmen.

Den vorsprechenden Angehörigen von Kranken gegenüber hat er die Aktion abgeleugnet und ihnen auch keinen versteckten Wink gegeben. Dies hat er nur in ganz wenigen Fällen, insbesondere bei persönlich Bekannten, getan.

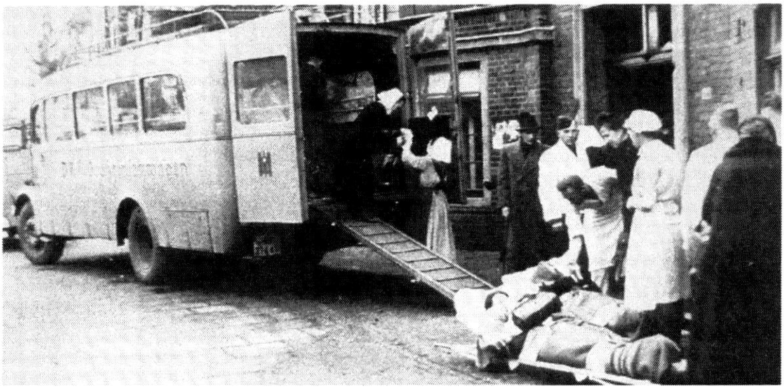

Transport zur sogenannten »Verlegung«, © Operation T4

Landes-Pflegeanstalt
Grafeneck.

Abschrift.

Münsingen, den 3. Juli 1940.
Schließfach 17.

A 30/12 Br.

Herrn
Karl B[redacted]
Landwirt
Spöck.

Sehr geehrter Herr B[redacted]!

Es tut uns aufrichtig leid, Jhnen mitteilen zu müssen, daß Jhr Sohn Otto B[redacted] am 2. Juli 1940 in unserer Anstalt plötzlich und unerwartet an einer eitrigen Mandelentzündung und anschließender Blutvergiftung verstorben ist.

Jhr Sohn wurde am 14. Juni 1940 auf ministerielle Anordnung gemäß Weisung des Reichsverteidigungskommissars in die hiesige Anstalt verlegt.

Bei seiner schweren geistigen Erkrankung bedeutete sowohl für den Verstorbenen als auch für Sie das Leben eine Qual. So müssen Sie seinen Tod als Erlösung auffassen.

Da in der hiesigen Anstalt z.Zt. Seuchengefahr herrscht, ordnet die Polizeibehörde die sofortige Einäscherung des Leichnams an.

Wir bitten um Mitteilung, an welchen Friedhof wir die Übersendung der Urne mit den sterblichen Überresten des Heimgegangenen durch die Polizeibehörde veranlassen sollen. An Privatpersonen darf lt. Gesetz eine Urne nicht ausgehändigt werden.

Etwaige Anfragen bitten wir schriftlich hieher zu richten, da Besuche hier gegenwärtig aus seuchenpolizeilichen Gründen verboten sind.

Sollten wir nach Ablauf von 14 Tagen keine Mitteilung von Jhnen erhalten haben, so werden wir die Urne gebührenfrei anderweitig beisetzen lassen.

Die Kleidungsstücke des Verstorbenen haben bei der Desinfektion sehr stark gelitten, so daß sie keinen besonderen Wert mehr darstellen und zum Tragen nicht mehr verwendbar sind. Sie wurden der NSV. zur Stoffverwertung überwiesen.

Zwei Sterbeurkunden, die Sie für eine etwaige Vorlegung bei Behörden sorgfältig aufbewahren wollen, fügen wir bei.

Heil Hitler!
Dr. Keller.

Für die Abschrift.
Bürgermeister

Falsche Angaben zur Verschleierung der Todesursache

© Stadt Münsingen

7. Zurückhaltung der Arbeitsfähigen

Die Zurückhaltung der Arbeitsfähigen war der Hauptpunkt, an dem ein Widerstand gegen die Aktion mit Erfolg einsetzen konnte. Der Angeklagte hat von dieser Möglichkeit in nur unzureichender Weise Gebrauch gemacht. Es kann ihm zwar nicht widerlegt werden, dass er die Klagen der Anstaltsleiter über die Verlegung arbeitsfähiger Kranker nach Berlin weitergegeben hat; es mag auch sein, dass diese Klagen dazu geführt haben, dass von Berlin aus, die Herausnahme von 10% der Kranken als arbeitsfähig genehmigt worden ist. Das war aber die Pflicht und kein besonderes Verdienst des Dr. Mauthe. Es lag im Rahmen der Aktion selbst, die ja nicht die Arbeitsfähigen, sondern die »Unverwertbaren« vernichten wollte. Bei den staatlichen Anstalten lag die Auslese bei den Anstaltsleitern. Wenn der Angeklagte diese nochmals auf diese Möglichkeiten hingewiesen hat, so war dies richtig, aber niemals ein Widerstand.

Die Anstalt Göppingen wurde von Dr. Mauthe nach seiner eigenen Aussage sogar noch aufgefordert, Listen der verlegten Staatspfleglinge nachzubringen, obwohl diese hätten evtl. unterdrückt werden können. So forderte die RAG auf Grund der Listen Meldebogen an, und es kam zur Tötung eines Teils der Gemeldeten. Gleiches geschah in der Anstalt Weißenau.

Als in der Anstalt Stetten ein Transport Kranker zur Vergasung abgeholt werden sollte, wandte sich die Zeugin Dr. Fürst hilfesuchend an den Angeklagten Dr. Mauthe. Sie erhielt von ihm keinerlei Unterstützung. Er erklärte der Zeugin ausdrücklich, er könne nichts machen, Dr. Stähle sei verärgert. Wenn der Transport verhindert würde, käme die SS; es dürften keine Ausnahmen gemacht werden. Nach Überzeugung des Gerichts hätte der Angeklagte, wenn auch nicht den Transport verhindern, so doch die Zeugin Dr. Fürst ermächtigen können, wenigstens noch einige Arbeitsfähige zurückzuhalten. Nur aus Angst vor Dr. Stähle, wie der Angeklagte selbst zugibt, ist dies nicht geschehen, obwohl er nach Ansicht des Gerichts wusste, dass er nicht mehr riskierte als eine Zurechtweisung.

© NDR

Das Landgericht Tübingen. Schauplatz des Grafeneck-Prozesses,

© Justiz Tübingen

Gerichtliche Bewertung des Dr. Mauthe

Der Angeklagte Dr. Mauthe hat vorgebracht, Dr. Stähle habe ihm schon, als er ihn von der Aktion unterrichtet habe, nicht nur für den Bruch der Schweigepflicht, sondern auch für den Fall seiner Weigerung, mitzumachen, die Todesstrafe oder das Konzentrationslager (KZ) angedroht. Die Unrichtigkeit dieser Behauptung sieht das Gericht aber als erwiesen an. Dr. Stähle hatte in der Voruntersuchung mit Bestimmtheit ausgesagt, dass dies nicht der Fall gewesen sei. Hinzu kommt, dass auch keiner der anderen Ärzte, die ebenfalls von Dr. Stähle eingeweiht und auf Geheimhaltung verpflichtet worden waren, von einer solchen Drohung im Falle der Weigerung, mitzuwirken, etwas wusste. Es wäre doch auffallend, wenn Dr. Stähle ausgerechnet nur gegen den Angeklagten Dr. Mauthe eine solche Drohung ausgesprochen haben sollte. Das Gericht hat den Angaben des Dr. Stähle, obwohl er ebenfalls Beschuldigter war, mehr Glauben geschenkt als denen des Angeklagten Dr. Mauthe. Das Gericht sah es daher als festgestellt an, dass eine solche Drohung nicht gefallen ist. Auch für die nachfolgende Zeit besteht kein Anhaltspunkt dafür, dass eine derartige Drohung gegenüber Dr. Mauthe ausgesprochen worden ist. Dies wird von dem Hauptangeklagten selbst nicht behauptet.

Es ist auch weder in diesem Prozess noch in anderen ähnlichen Prozessen ein Fall bekannt geworden, dass ein Arzt wegen seiner Verweigerung seiner Mitwirkung zum Tode verurteilt oder eingesperrt worden ist, obwohl in einigen Fällen die Ärzte ihre Mitwirkung verweigerten und zum Teil sogar erheblich Widerstand geleistet haben.

Der Angeklagte Dr. Mauthe kann sich aber auch nicht darauf berufen, dass er an einen solchen Notstand geglaubt habe. Er hat schon bei der ersten Unterredung mit Dr. Stähle diesem gegenüber keinerlei Einwendungen oder Bedenken gegen die Aktion geltend gemacht. Der Angeklagte brachte vor, dies habe er deshalb nicht getan, weil er sofort entschlossen gewesen sei, gegen die Aktion Widerstand zu leisten und sich deshalb habe tarnen wollen. Das hat ihm das Gericht nicht geglaubt, denn zu einer solchen raschen Entschlussfassung in derartig schwerwiegenden Fällen ist der Angeklagte Dr. Mauthe nach seiner ganzen Persönlichkeitsstruktur gar nicht fähig. Der Angeklagte hat auch in der Folgezeit dem Dr. Stähle gegenüber niemals in irgendeiner Form offen Widerstand geleistet. Er hat es also in keinem einzigen Fall auch nur auf den Versuch ankommen lassen, wie Dr. Stähle im Falle einer Weigerung, mitzumachen, reagierte. Der Angeklagte Dr. Mauthe hatte auch im Verlaufe der Aktion bei der Fassung seiner Entschlüsse, z. B. bei der Entscheidung über die

Entlassungsgesuche, bei der Herausgabe von Erlassen usw. eine gewisse Ermessensfreiheit. Er musste genau wissen und wusste es nach Überzeugung des Gerichts auch ganz genau, dass er selbst bei Überschreitung dieser Ermessensfreiheit nicht mehr riskierte als eine dienstliche Zurechtweisung durch Dr. Stähle, keinesfalls das KZ oder gar eine Erschießung. (...)

Als Gesamtbild ergibt sich bei Dr. Mauthe somit, dass er zwar ein Gegner des Nationalsozialismus und auch der Tötungsaktion gewesen sein mag, dass er aber aus Angst um seine Stellung mitgemacht hat. Soweit er zu der Rettung der Kranken beigetragen hat, hat er dies nur im Rahmen der von oben gegebenen Richtlinien oder aber in Fällen, in denen er nichts riskierte, getan. Seine Rettungsaktion fand stets dort ihre Grenze, wo ein, auch noch so geringes Risiko damit verbunden war. Er hat darüber hinaus sogar in einer Reihe von Fällen aus seiner bürokratischen Einstellung heraus mehr für die Aktion getan als unbedingt nötig gewesen wäre. Bei seiner ängstlichen Veranlagung musste er seine Unfähigkeit zu einem nachhaltigen Widerstand erkennen und eingestehen.

Das Gericht sah es daher als festgestellt an, dass der Angeklagte Dr. Mauthe sich weder objektiv noch subjektiv in einem Notstand im Sinne des § 52 StGB befunden hat.

Anweisung des Innenministers

Der Württ. Innenminister Stuttgart, den 23. 9. 1940
Nr. 4015

Betreff: Erhebungen über Schwachsinnige
Epileptische und Geisteskranke

Ich habe auf Anweisung des Reichsministers des Inneren meinen Berichterstatter Obermedizinalrat Dr. Mauthe und den Landesjugendarzt Medizinalrat Dr. Eyrich beauftragt, die Ausfüllung der Meldebogen in der dortigen Anstalt zu überwachen bzw. selbst vorzunehmen.

Ich ersuche die Anstalten, zur Vorbereitung dieser Arbeit umgehend bis 5. Oktober 1940 unmittelbar an Obermedizinalrat Dr. Mauthe eine Liste der dort untergebrachen Schwachsinnigen, Epileptikern und Geisteskranken in zweifacher Fertigung vorzulegen; eine dritte Fertigung ist dort zu behalten. Die Liste hat Namen, Vornamen, Geburtstag und Krankheit zu enthalten; für Bemerkungen ist noch Raum offen zu lassen. In dieser Liste sind sämtliche Schwachsinnige, also auch die leichten Fälle (Hilfsschüler) sowie die abgelaufenen Geisteskrankheiten (Endzustand) aufzunehmen. Die Meldebogen sind in ihrem ersten Teil, bis einschließlich der Frage »Zwillinge« und

»Geisteskranke Blutsverwandte«, auszufüllen, jedoch nur für die Schwachsinnigen, epileptischen und geisteskranken Insassen der Anstalt. Vollzug hierüber ist bei der Vorlage der Liste an Dr. Mauthe zu berichten; ein etwaiger Bedarf an weiteren Meldebogen ist bei diesem anzumelden. Die Ankunft der genannten Beamten wird Ihnen noch unmittelbar mitgeteilt werden.

Württembergisches Innenministerium, Stuttgart

Foto aus Kinzig/Stöckle, 60 Jahre Tübinger Grafeneckprozess

Zusammenfassung

Aufgrund der vorstehenden Ausführungen war somit festzustellen:

Die Angeklagten Dr. Mauthe und Dr. Stegmann haben sich je eines Verbrechens gegen die Menschlichkeit in Form der Beihilfe im Sinne des Art. II 1c des K.G. Nr. 10 schuldig gemacht.

Wegen eines Vergehens der Tötung auf Verlangen im Sinne des § 216 StGB war das Verfahren wegen Verjährung einzustellen.

Die 5 anderen Angeklagten waren mangels Beweises freizusprechen.

Strafzumessung

Das K.G. Nr. 10 lässt in seinem Art. II 3 sämtliche Strafarten zu, um allen Fällen gerecht zu werden. Das Gericht hatte also nicht nur über die Höhe der Strafe, sondern auch über die Straftat zu befinden. In diesem Fall konnte es sich nur darum handeln, ob auf eine Zuchthaus- oder eine Gefängnisstrafe zu erkennen war.

Bei dem Angeklagten Dr. Mauthe hat man mildernd berücksichtigt, dass er bei der Aktion keine führende Rolle gespielt hat. Seine Mitwirkung erfolgte nicht aus einer

Billigung der Aktion oder aus niedrigen Beweggründen. Es war ihm nicht zu widerlegen, dass er ein Gegner des Nationalsozialismus und auch der Tötungsaktion gewesen ist, und er nur aus Schwäche mitgemacht hat. Er war dem allgemeinen politischen Druck und der sehr viel stärkeren Persönlichkeit seines Vorgesetzen Dr. Stähle nicht gewachsen. Es war ihm weiter nicht zu widerlegen, dass er an sich willens war, der Aktion entgegenzutreten und Kranke zu retten, dass er es aber infolge seiner eigenen Ängstlichkeit und bürokratischen Hemmungen nicht mit der erforderlichen Zielstrebigkeit und Folgerichtigkeit durchführte.

Diese Umstände rechtfertigen es, gegen den Angeklagten nicht auf die besonders entehrende Zuchthausstrafe, sondern auf eine Gefängnisstrafe zu erkennen.

Auf der anderen Seite musste aber erschwerend ins Gewicht fallen, dass der Angeklagte Dr. Mauthe durch seine Stellung als gehobener Ministerialbeamter eine erhebliche Verantwortung trägt. Er musste in seiner Dienststellung sich vom reinen Kadavergehorsam freimachen und entweder seine Mitwirkung verweigern oder aber die Möglichkeiten des Widerstands und der Unterhöhlung der Aktion, die seine Stellung ihm bot, voll ausschöpfen und durfte nicht durch die klägliche Zwiespältigkeit, die er gezeigt hat, teilweise noch den Widerstand anderer hemmen.

Es musste daher auf eine empfindliche Gefängnisstrafe erkannt werden, die besonders auch zu der Schwere der ganzen Aktion und die Zahl der Opfer aus Württemberg in einem angemessenen Verhältnis steht. Das Gericht hielt daher eine Gefängnisstrafe von 5 Jahren für geboten. Gegen eine Anrechnung der Untersuchungshaft von 1 Jahr und 25 Tagen bestehen keine Bedenken.

gez. Dieterich *gez. Rietschel* *gez. Dreger*

Beglaubigt: Tübingen, den 24. September 1949,
der Urkundsbeamte der Geschäftsstelle des Landgerichts

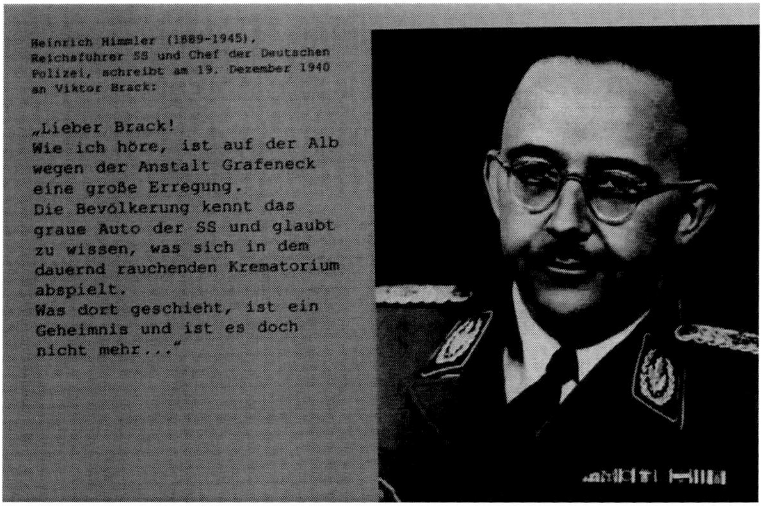

Anfrage des Reichsführers SS, Heinrich Himmler, zu Grafeneck, © Gedenkstätte Grafeneck

Anträge und Verfügungen im Fall Dr. Mauthe

Rechtsanwalt Tübingen, den 27. Jan. 1949
Dr. Rudolf Zimmerle

Betr.: Strafsache gegen Dr. Otto Mauthe und 7 Andere wegen Mordes und Verbrechens gegen die Menschlichkeit.

Namens meines Mandanten, Herrn Dr. Otto Mauthe, wiederhole ich nunmehr den Antrag auf Bestellung meiner Person zum Offizialverteidiger des Angeklagten Mauthe, der nach seinen Vermögensverhältnissen und wegen seiner derzeitigen Arbeitsunfähigkeit, nicht in der Lage ist, einen Wahlverteidiger zu honorieren. Die Verteidigung dürfte in diesem Falle eine notwendige sein.

Ich bitte zunächst, mir die Anklageschrift in einem Exemplar zu meiner Kenntnis zu übersenden, sowie die Akteneinsicht zu genehmigen und beantrage diesbezüglich möglichst baldige Übersendung der meinen Mandanten Dr. Mauthe betreffenden Aktenstücke zur Kenntnisnahme in meine Kanzlei. Eingehende Ausführungen zur Anklageschrift behalte ich mir vor.

gez. Dr. Zimmerle

Dr. Otto Mauthe
Kochertürn
Kr. Heilbronn

Kochertürn, 30. 3. 1950

An die Staatsanwaltschaft
bei dem Landgericht Tübingen

Ich teile der Staatsanwaltschaft Tübingen mit, dass ich ein Gnadengesuch einreichen werde, das z. Zt. noch bearbeitet wird. Ich bitte um Strafaufschub bis zur Entscheidung über das Gnadengesuches, wobei ich vor allem auf meine Haftunfähigkeit hinweise. Meine Haftunfähigkeit wurde durch den Facharzt in Reutlingen und den Amtsarzt in Tübingen bescheinigt und ich wurde auf Grund der bei den Akten liegenden Zeugnissen aus der Untersuchungshaft der Gefangenenabteilung des Krankenhauses in Reutlingen im November 1948 und aus dem Hospital der Strafanstalt Rottenburg im Juli 1949 entlassen. Mein Herzleiden hat sich seitdem verschlimmert.

gez. Dr. Mauthe

An das
Staatl. Gesundheitsamt
Heilbronn a. N.

9. 5. 1950

Betr.: Strafsache gegen Dr. Otto Mauthe,
Kochertürn, Krs. Heilbronn

Dr. Mauthe hat nach dem Urteil des Schwurgerichts Tübingen vom 6. 7. 1949 wegen eines Verbrechens gegen die Menschlichkeit in Form der Beihilfe eine Gefängnisstrafe von 5 Jahren – abzüglich 1 Jahr 25 Tage Untersuchungshaft zu verbüßen. Er ist zum Strafantritt geladen. Dr. Mauthe macht Haftunfähigkeit geltend.

Weisungsgemäß wird gebeten, den Verurteilten auf seine Haftfähigkeit zu untersuchen und in dem hierher zu übersendenden amtsärztlichen Zeugnis, sich insbesondere auch dahingehend auszusprechen, ob Dr. Mauthe seine Strafe in einer ordentlichen Strafanstalt oder evtl. nur in der Krankenabteilung Hohenasperg bei der Landesstrafanstalt Ludwigsburg verbüßen kann.

Gewährung der Strafaussetzung

Staatsanwaltschaft Tübingen.
Verfügung vom 25. Mai 1950.

KS. 6/49 – Überw.-Liste Nr. 6/50

Der am 9. 11. 1892 in Derdingen, Krs. Vaihingen,
geborene, in Kochertürn, Krs. Heilbronn wohnhafte
ehem. Obermedizinalrat
Dr. med. Otto Mauthe

ist durch Urteil des Schwurgerichts Tübingen vom 5. 7. 1949 wegen eines Verbrechens gegen die Menschlichkeit in Form der Beihilfe zu der Gefängnisstrafe von 5 Jahren – unter Anrechnung von 1 Jahr und 25 Tagen Untersuchungshaft rechtskräftig verurteilt worden. Er war zum Strafantritt auf 17. 4. 1949 in die Landeshaftanstalt Rottenburg geladen.

Mit Gesuch vom 3. 4. 1950 hat der Verurteilte mit Rücksicht auf seinen Gesundheitszustand um Strafausstand gebeten.

Wegen derzeitiger Haftunfähigkeit gewähre ich
dem Verurteilten einfachen Strafausstand
mit Wirkung vom 17. 4. 1950 bis 1. 8. 1950.

Der Verurteilte hat nach Ablauf des gewährten Strafausstandes seine Strafe bei der Landesstrafanstalt Rottenburg anzutreten.

gez. Oberstaatsanwalt

Dr. med. Otto Mauthe

Kochertürn,
den 5. 8. 1950

Vollmacht

Ich bin durch Urteil des Schwurgerichts Tübingen vom 5. VII. 1949, Aktenzeichen des Landgerichts KS 6/49, wegen Verbrechens gegen die Menschlichkeit rechtskräftig zu einer Gefängnisstrafe von 5 Jahren verurteilt.

Ich erteile Herrn Senatspräsident a. D. Dr. Bruno Coste in Stuttgart-Sonnenberg Vollmacht ein Gnadengesuch einzureichen.

gez. Dr. Otto Mauthe

Staatsanwaltschaft Tübingen,
Verfügung vom 9. August 1950

Der am 9. 11. 1892 in Derdingen, Krs. Vaihingen geborenen, in Kochertürn, Krs. Heilbronn wohnhafte ehemalige Obermedizinalrat

Dr. Otto M a u t h e

Ist durch Urteil des Landgerichts Tübingen vom 5. 7. 1949 wegen eines Verbrechens gegen die Menschlichkeit in Form der Beihilfe zu der Gefängnisstrafe von 5 Jahren – unter Anrechnung von 1 Jahr und 25 Tagen Untersuchungshaft rechtskräftig verurteilt worden. Er war zu Strafantritt auf 27. 4. 1940 in die Landesstrafanstalt Rottenburg geladen.

Durch Verfügung der Staatsanwaltschaft Tübingen vom 25. 5. 1950 wurde ihm wegen Haftunfähigkeit einfacher Strafausstand zunächst bis 1. 8. 1950 gewährt.

Mit Gesuch vom 26. 7. 1950 bittet der Verurteilte mit Rücksicht auf seinen Gesundheitszustand weiteren Strafausstand.

Auf Grund des fachärztlichen Gutachtens der Medizinischen Universitätsklinik und der Poliklinik Tübingen vom 7. 8. 1950 gewähre ich dem Verurteilten

wegen Haftunfähigkeit
den weiteren einfachen Strafausstand.

gez. Oberstaatsanwalt

Dr. Coste
Senatspräsident a. D.

Stuttgart-Sonnenberg,
den 12. 10. 1950

An den
Herrn Oberstaatsanwalt
bei dem Landgericht Tübingen

Betrifft: Gnadengesuch für Dr. med. Otto Mauthe
in Kochertürn, Krs. Heilbronn
Aktenzeichen des Landgerichts Tübingen KS 6/49

Dem Herrn Oberstaatsanwalt überreiche ich inliegend:

1) Gnadengesuch für den Verurteilten Dr. Mauthe
2) Vollmacht des Dr. Mauthe auf mich,

mit der Bitte, die erforderlichen Ermittlungen anzustellen und alsdann das Gnadengesuch befürwortend weiter zu geben.

gez. Dr. Coste

KS 6/49 6. November 1950

An Se. Exzellenz
den Hochwürdigen Herrn Bischof
Dr. Leiprecht von
Rottenburg

Ich beehre mich Sr. Exzellenz auf Wunsch des Herrn Senatspräsidenten a. D. Dr. Coste aus Stuttgart eine Abschrift seines Gnadengesuches für den ehemaligen Obermedizinalrat Dr. med. Otto Mauthe zu etwaiger Stellungnahme zuzuleiten.

Dr. Mauthe ist wegen seiner Mitwirkung zur Massenvernichtung »unwerten Lebens« im nazistischen Sinn, insbesondere in Grafeneck, Kreis Münsingen, zu 5 Jahren Gefängnis verurteilt worden, von denen er etwa 4 Jahre noch nicht verbüßt hat. Er ist wegen eines Herzleidens haftunfähig, ob er je wieder haftfähig wird, erscheint fraglich. Solange die Haftunfähigkeit andauert, kann die Strafe nach dem Gesetz nicht vollstreckt werden.

Zu etwaiger Orientierung schließe ich eine Abschrift des Urteils im Grafeneck-Prozess an, die ich ergebenst zurück erbitte.

gez. – – –

Der Bischof von Rottenburg

Rottenburg (Neckar),
den 14. November 1950

An den Herrn Oberstaatsanwalt
bei dem Landgericht
Tübingen

Auf das Schreiben vom 6. Nov. 1950. KS 6/49
Betrifft: Äußerung zu dem Gnadengesuch Dr. Mauthe

Sie haben mir auf Wunsch des Dr. Coste, Senatspräsident a. D. dessen Gnadengesuch für Dr. med. Otto Mauthe zur Stellungnahme vorgelegt. Zugleich schlossen Sie freundlicherweise zur Orientierung das Urteil bei, welches ich anbei mit bestem Dank zurückreiche.

Meine Einstellung zum Urteil selbst und zu den darin geschilderten Verbrechen wider die Menschlichkeit dürfte jedermann so klar sein, dass ich darüber kein weiteres Wort verlieren möchte. Sie haben mir auf Wunsch des Herrn Dr. Coste, Senatspräsident a. D. dessen Gnadengesuch vorgelegt. Was mich aber bewegt, das vorliegende Gnadengesuch zu befürworten, ist echtes christliches Mitgefühl mit dem Verurteilten und besonders mit dessen Familie. Es ist sehr wohl glaubhaft, dass der noch zu verbüßende hohe Strafrest wie ein Damoklesschwert über

Dr. Mauthe hängt und seinen Gesundheitszustand sich nicht bessern, sondern eher langsam aber sicher sich verschlechtert lässt. In ähnlicher Weise leiden gewiss seine Angehörigen, besonders seine Frau. Wenn ich außerdem bedenke, dass dieser Zustand nun schon jahrelang dauert, Dr. Mauthe mit seiner Gesundheit auch seinen Beruf verloren hat, so sehe ich in diesem seelischen Leid, das die ganze Familie Mauthe in den letzten Jahren zu tragen hatte, ein gewisses Äquivalent für die noch nicht verbüßte Strafe. Darum glaube ich auch, guten Gewissens eine Strafaussetzung mit Bewährungsfrist hinsichtlich des Strafrestes befürworten zu können.

gez.
† Carl Joseph Bischof

Nach diesem Schreiben bleibt zu fragen:
Hatte der Bischof auch das » christliche Mitgefühl«
und das »gute Gewissen« für die 10.654 in Grafeneck
getöteten Menschen?

Zentral-Spruchkammer
Württemberg-Baden
Aktenzeichen 26/49/271

Stuttgart, den
23. Sept. 1953

BESCHLUSS

Auf Grund des Gesetzes zur Befreiung von Nationalsozialismus und Militarismus vom 5. März 1946 erlässt die Spruchkammer gegen

Dr. Otto Mauthe, Arzt
aus Kochertürn, Kreis Heilbronn
im schriftlichen Verfahren folgenden

Beschluss:

Das Verfahren gegen Dr. Otto Mauthe wird gemäß § 1 Abs. 1 des Württ.-Badischen Gesetzes Nr. 1078 zum Abschluß der politischen Befreiung vom 3. April

unter Übernahme der Kosten auf die Staatskasse
eingestellt.

gez. Vorsitzender	*gez. Beisitzer*	*gez. Beisitzer*
Hartlieb	*Lutz*	*Krämer*

Betr.: Dr. Mauthe u. a. KS 6/49

Mit Verfügung der Staatsanwaltschaft Tübingen vom 28. 8. 1959 wurde Dr. Mauthe die restliche Gefängnisstrafe erlassen. Die Aufbewahrungsfrist der Akten läuft daher noch bis 28. 8. 1989, bzw. die Staatsanwaltschaft Tübingen ist bis dahin zuständig für die Genehmigung der Akteneinsicht. Danach ist das Staatsarchiv Sigmaringen für die Genehmigung der Akteneinsicht zuständig.

20. 6. 1984,
gez. Beck

Spur der Erinnerung von Grafeneck nach Stuttgart, 2009

Fazit

Auf Grund der vorstehenden Ausführungen ist somit festzustellen:

Der Angeklagte Dr. Mauthe hat sich eines Verbrechens gegen die Menschlichkeit als Hauptverantwortlicher in Form der Beihilfe schuldig gemacht.

Mauthe behauptete in der Verhandlung, er habe die »Euthanasie« entschieden abgelehnt und zu sabotieren versucht und belastete hauptsächlich den vor Prozessbeginn verstorbenen Dr. Stähle.

Keinem der Angeklagten wurden die bürgerlichen Ehrenrechte abgesprochen. In der Urteilsbegründung hieß es, Mauthe sei insbesondere für den sogenannten Sperrerlass vom 9. September 1940 verantwortlich gewesen, »der die Entlassung von Kranken aus den Heilanstalten nur nach Genehmigung des Innenministeriums gestattete«; entsprechende Entlassungsanträge habe er abgelehnt. Das Gericht stellte überdies fest, Mauthe habe Angehörige, die um Auskunft über in Grafeneck Ermordete baten, arglistig getäuscht sowie die Verlegung einiger Kinder in »Kinderfachabteilungen« angewiesen, was den sicheren Tod bedeutete.

Mauthe ging 1950 gegen das Urteil in Berufung, ebenso wie die Staatsanwaltschaft, die härtere Strafen nach dem neuen deutschen Strafgesetz forderte. Die Berufungen vor dem Oberlandesgericht Tübingen wurden jedoch abgelehnt.

Otto Mauthe trat die Haftstrafe nie an; aus »gesundheitlichen Gründen« sah die Justiz 1953 von einer weiteren Strafverfolgung ab und stellte das Verfahren zu Lasten der Staatskasse ein. Endgültig wurde der Fall Mauthe von der Justiz 1958 ad acta gelegt. Er starb am 22. Mai 1974 in Stuttgart.

Mauthe machte im Prozess gesundheitliche Gründe geltend, wonach er nicht in der Lage sei, die Haft anzutreten, sodass es bei der Untersuchungshaft von 1 Jahr und 25 Tagen blieb. So schlich sich der Hauptverantwortliche von unzähligen Morden durch die Hintertür aus der Verantwortung. Er konnte anschließend seine ansehnliche Beamtenpension in aller Ruhe genießen.

Mauthe war geprägt durch eine Persönlichkeitsstruktur, die man als hörig, seinen Übergeordneten gegenüber, bezeichnen kann. Er war ein willfähriges Werkzeug seiner Vorgesetzten; diese Tatsache entlässt ihn aber nicht aus seiner persönlichen Verantwortung. Mauthe war willensschwach und scheute sich vor Entscheidungen zu Gunsten der Pfleglinge, die er als Arzt hätte schützen müssen.

Übrigens: Es ist kein Fall bekannt, dass eine Verweigerung, eine Strafe nach sich gezogen hätte; schlimmstenfalls wäre eine Versetzung als Sanitätsarzt an die Front erfolgt, in diesem Fall aber eher unwahrscheinlich.

Die Grafeneckprozess-Urteile wurden von der Staatsanwaltschaft kassiert, von der man erwartet hätte, dass von der Justiz ein Zeichen gesetzt worden wäre und anfänglich eine objektive und glaubwürdige Aufbereitung der Euthanasie zum Ziel hatte; drei Angeklagte mussten ihre Haftstrafe nicht antreten, sechs wurden freigesprochen. Dies ist typisch für die Nachkriegsjustiz: möglichst schnell vergessen, verdrängen, verschweigen. Die Angst, es könnte bisher sogenannte »Unbescholtene« treffen, war allgegenwärtig.

Mauthe war ein williges Werkzeug der Vernichtungsbürokratie, den man als typischen Schreibtischtäter bezeichnen kann. Er hat die erforderlichen Verwaltungsmaßnahmen bearbeitet, die Erlasse vorbereitet und sie zum Teil auch selbst unterzeichnet. Er hat nachdrücklich die Krankenanstalten aufgefordert, ihm die Meldebögen für die Deportationen zu schicken. Öfters erschien er vor Ort in den Anstalten und wählte die Todeskandidaten selbst aus.

Da die »Euthanasieaktion« Dr. Mauthes Zuständigkeitsbereich betraf, war er in großem Umfang an der Organisation und Durchführung der »Euthanasie« in Württemberg beteiligt.

Das Gedenkbuch in Grafeneck, © Dokumentationszentrum

Dokumentationszentrum Grafeneck

Anhang

Presseberichte vom Grafeneck-Prozess

»Stuttgarter Zeitung« vom 10. Juni 1949

Der Grafeneck-Prozeß

TÜBINGEN (Eig. Bericht) Am zweiten Verhandlungstag wurde die Haltung des Dr. Mauthe näher untersucht, die er zu den zahlreich eingereichten Entlassungsanträgen für geistesschwache Anstaltsinsassen eingenommen hatte. Die Angehörigen wollten durch diese Entlassungsanträge ihre Verwandten vor der Vergasung in Grafeneck retten. Die Verhandlung ergab, dass der Angeklagte Dr. Mauthe bei der Behandlung dieser Entlassungsanträge eine sehr bürokratisch engherzige Haltung einnahm, so dass der Gerichtsvorsitzende im Laufe der Vernehmung ihm bescheinigte, er sei päpstlicher als der Papst gewesen.

Dr. Mauthe versuchte, Verantwortung und Schuld immer wieder auf den verstorbenen Dr. Stähle abzuwälzen und verteidigte sich mit der Behauptung, er habe stets das Gegenteil beantragen müssen, damit der von ihm erwünschte Erfolg erreicht werden konnte.

»Stuttgarter Zeitung« vom 11. Juni 1949

Vernehmung Dr. Mauthes abgeschlossen

TÜBINGEN (Eig. Bericht). Die abschließende Vernehmung des Angeklagten Dr. Mauthe im Grafeneck-Prozeß am Freitag hat eine Anzahl günstiger Tatsachen für den Beschuldigten ergeben. Er (Mauthe) konnte verschiedentlich den Nachweis erbringen, dass der Begriff »arbeitsunfähig« weitherzig ausgelegt wurde, um dadurch viele für die »Aktion Grafeneck« bestimmte Kranke vor ihrem Schicksal zu bewahren. Weiter ergab sich, dass einige Anstaltsleiter in vertraulichen Berichten an das Innenministerium in Stuttgart auf die starke Beunruhigung in der schwäbischen Bevölkerung über die Ereignisse in Grafeneck hingewiesen hatten. Diese Berichte waren von Stuttgart aus an die Reichsarbeitsgemeinschaft Heil- und Pflegeanstalten in Berlin weitergeleitet worden. Sie seien, so meinte der Gerichtsvorsitzende, Veranlassung gewesen, die Aktion Grafeneck Ende 1940 abzubrechen und in Hadamar in Hessen fortzusetzen. Der Prozeß findet in der Öffentlichkeit geringes Interesse. Der Zuhörerraum im Tübinger Schloss ist kaum von einem Dutzend Personen besetzt.

Anhang

Biografien aus Grafeneck

Grafeneck und die Folgen: Dieter Neumaier

Dieter Neumaier, 1933 – Dezember 1940**,** Dieter Neumaier war eines der vielen Kinder, die ermordet wurden. Über die Kinder ist meist am wenigsten bekannt – natürlich auch, weil ihre eigene Biografie nur so kurz war. Tatsächlich gab es auch Fälle, in denen Eltern ihre Kinder zur Ermordung gaben, weil sie sie loswerden wollten. Bei Dieter Neumaier war das aber in keiner Weise der Fall.

Dieter wuchs ganz normal auf, mit Eltern und zwei älteren Brüdern. Dann aber, zweijährig, fiel er 1935 bei Schloss Solitude auf der Schillerhöhe bei Stuttgart von einer hohen Treppe. Am Fuße der Treppe stand ein großer Hund. Nach diesem Erlebnis konnte er nur noch sehr undeutlich und stammelnd sprechen. Als dann 1936 seine Mutter an Tuberkulose verstarb, wurde Dieter von der NS-Frauenschaft aus der Familie genommen, um in einem Heim zu leben. Von dort wurde er im Dezember 1940 nach Grafeneck gebracht und ermordet, wahrscheinlich am 12. Dezember. Auch in seinem Fall, wie in vielen anderen, wurde die Familie angelogen, das Kind sei eines natürlichen Todes gestorben. Aber der Verdacht, dass etwas nicht mit rechten Dingen zugehe, war sofort da.

Dieter Neumaier wurde 7 Jahr alt. Ein Junge mit einem Sprachfehler, den die Nationalsozialisten als »lebensunwert« abstempelten und ermordeten. Einer seiner Brüder lebt noch, Wolfgang Neumaier. Auch heute noch, 70 Jahre danach, belastet es ihn schwer, was mit seinem Bruder geschehen ist, und immer wieder sieht er das Bild vor Augen, wie sein Bruder Dieter, ein kleiner, hilfloser, wehrloser Junge, mit anderen Menschen in die Gaskammer getrieben wird. © Planet Schule / K. Weinrich

Grafeneck und die Folgen: Theodor K.

Theodor K. (1904 – 1940), ermordet in Grafeneck,

Foto aus Kinzig/Stöckle, 60 Jahre Tübinger Grafeneckprozess

Theodor Heinrich Kynast, Charkow 1904 – Grafeneck 1940. Der Lebens- und Leidensweg des 1904 geborenen Theodor Kynast. bleibt weitgehend im Dunkeln. Er lebte mit seinen Eltern, dem Maschinentechniker Karl Kynast und dessen Frau Ottilie Marie Kynast im württembergischen Göppingen. Als junger Mann wurde er mit der Diagnose Schizophrenie in die Göppinger Privatheilanstalt Christophsbad eingewiesen. Dort gehörte er zu den *Staatspfleglingen*, den auf öffentliche Kosten untergebrachten Patienten. Am 14. Oktober 1940 wurde er auf Anordnung des Württembergischen Innenministeriums zusammen mit 74 weiteren männlichen Patienten aus Göppingen in die württembergische Heilanstalt Winnental verlegt. Am 29. November 1940 wurden 16 der Göppinger Patienten – unter ihnen Theodor Kynast – zusammen mit Insassen von verschiedenen Anstalten (Stetten i. R., Schwäbisch Hall, Paulinenpflege Winnenden und dem Bürgerhospital Stuttgart) von Winnenden aus nach Grafeneck verlegt und dort am selben Tag ermordet.

Die vom Standesamt Grafeneck ausgestellte Sterbeurkunde und der sogenannte Trostbrief an die Eltern nach Göppingen sind im Original erhalten [...]. Sie tragen das Datum vom 3. Dezember und 4. Dezember 1940. Die Fälschung von Todestag und Todesursache waren hierbei ein bewusst eingesetztes Mittel zur Täuschung der Angehörigen.

Als Todesursache war *Lungentuberculose, Blutsturz* angegeben. Unterzeichnet waren die Schreiben der *Landes-Pflegeanstalt Grafeneck* mit den ebenfalls gefälschten Unterschriften *Dr. Ott* und des Standesbeamten *Zorn*.

Der Nachlass des Theodor K. wurde nach seinem Tod an die Eltern in Göppingen geschickt.

Die Eltern des Theodor K. konnten durch die erfundene Todesursache in der Sterbeurkunde nicht getäuscht werden. Sie wandten sich Ende Dezember 1940 oder Anfang des Jahres 1941 an einen Schulfreund von Theodor und baten um Hilfe. Der Schulfreund war inzwischen Pfarrer in Bad Boll. Er verfasste am 20. Januar 1941 einen Brief an die Landes-Pflegeanstalt Grafeneck. Das Schreiben wurde mit Ausflüchten und Lügen beantwortet.

Quelle: LpB Ba-Wü

Landes-Pflegeanstalt
Grafeneck

A 12/6/55 Bi.

Zeichen bei Antwort
angeben

Münsingen, den 4.Dezember 1940
Schließfach 17

Anfragen sind nur schriftlich an uns zu richten!
Besuche müssen 8 Tage vorher angemeldet werden!

Herrn
Karl [redacted],
Göppingen,
[redacted].

Sehr geehrter Herr [redacted]!

Im Rahmen großzügiger Verlegungsmaßnahmen von Geisteskranken, die im Zusammenhang mit der augenblicklichen Kriegslage stehen und auf Anordnung des Innenministeriums gemäss Weisung des Reichsverteidigungskommissars durchgeführt werden, wurde auch Ihr Sohn Theodor Heinrich [redacted] am 29.November 1940 in die hiesige Anstalt überführt.

Dieser ist nun zu unserem Bedauern am 3.Dezember 1940 ganz plötzlich an Lungentuberculose mit anschliessendem Blutsturz verstorben.

Bei der geistigen,unheilbaren Erkrankung Ihres Sohnes ist der Tod eine Erlösung für ihn und seine Umwelt.

Da in die Verlegungen auch solche Patienten eingeschlossen sind, die neben ihrer geistigen Erkrankung mit Infektionskrankheiten behaftet waren, musste der Leichnam Ihres Sohnes laut Anordnung der Gesundheitspolizei zur Verhütung übertragbarer Krankheiten sofort eingeäschert werden. Einer besonderen Zustimmung Ihrerseits bedurfte es in diesem Falle nicht.

Wir bitten um Übersendung einer Bescheinigung über den Erwerb einer Grabstätte, damit die Urne mit den sterblichen Überresten des Entschlafenen an den betreffenden Friedhof abgesandt werden kann. Sollten wir nach Ablauf von 14 Tagen keine Mitteilung von Ihnen erhalten, so werden wir die Urne anderweitig gebührenfrei beisetzen lassen.

Die Kleidungsstücke des Verstorbenen mussten wir aus obigen Gründen desinfizieren lassen, wodurch sie an Wert verloren haben. Wenn Sie uns den Nachweis der Erbberechtigung erbringen, so senden wir Ihnen die Kleider gern zu,soweit nicht der bisherige Kostenträger Anspruch darauf erhebt. Sollten wir nach 2 Wochen noch ohne Nachricht sein, so übergeben wir die Kleider mit Ihrem Einverständnis der NSV.

Da wir keine weiteren Anschriften besitzen, bitten wir Sie,auch andere Anverwandte zu benachrichtigen.

Zwei Sterbeurkunden, die Sie für eine etwaige Vorlegung bei Behörden sorgfältig aufbewahren wollen, fügen wir bei.

Heil Hitler!

i.V. Dr. [illegible]

Begleitbrief der »Landespflegeanstalt Grafeneck« an die Eltern von Theodor K. © Dokumentationszentrum

Grafeneck und die Folgen: Martin Bader

Martin Bader, 1901 – Mai 1940, war Schuhmachermeister und Familienvater aus Giengen an der Brenz. Ein fröhlicher, lebenslustiger Mann, wie sich aus einigen seiner eigenen schriftlichen Erinnerungen ablesen lässt. Allerdings wurde er schon in jungen Jahren von einer schweren Krankheit – Parkinson, also Lähmungen und unkontrollierbares Zittern – heimgesucht. Diese Nervenkrankheit wurde damals in Psychiatrischen Anstalten behandelt – wobei es keine Heilung und auch kaum Linderung gab.

So aber kam Martin Bader erst für kurze Aufenthalte, schließlich auf Dauer in die Psychiatrie und von dort in die Mordfabrik.

Geboren wurde er am 20.11.1901 in Giengen an der Brenz (auf der Schwäbischen Alb) als Sohn des Fabrikarbeiters Johannes Bader und seiner Frau Margarete, geb. Geyer, von Beruf Hausfrau. Das winzig kleine Geburtshaus steht noch heute an der Kirchplatzecke. Dort lebte er mit seinen Eltern und sechs Geschwistern.

Im Frühjahr 1915, nach Absolvieren der Volksschule, begann Martin Bader eine Schuhmacherlehre in Giengen. Die Lehre dauerte 3 Jahre, danach ging er auf die Walz. Er heiratete 1925 in Aschau die »Bräumeister-Marie«, die er auf der Walz in Bayern kennen gelernt hatte. Sie bekamen bald zwei Mädchen und einen Buben. Martin Bader übernahm ein Schumacher-Geschäft in Giengen an der Brenz, [...] und legt die Meisterprüfung ab.

Ab 1926 hatte er dann das Nervenzittern in der linken Körperhälfte. Er nahm an, es sei die Folge einer Kopfgrippe von 1918. Es war aber Parkinson. Er ging für mehrere Wochen in die Psychiatrische Klinik in Tübingen.

Er konnte bald nicht mehr in seinem Handwerk arbeiten, begann einen Handel mit Seifen bis zum August 1930. Im August kam er wieder in die Nervenklinik nach Tübingen. Dort war er in den folgenden Jahren immer wieder.

1930 schrieb er einen ausführlichen Lebenslauf mit Erinnerungen in ein Oktavheft. Sein Sohn hat dieses Heft. Es ist sein wertvollstes Erbe des Vaters.

Im September 1938 wurde Martin Bader in die Psychiatrie nach Schussenried eingewiesen, die bald für viele Menschen eine Zwischenstation auf dem Weg nach Grafeneck werden sollte. Er schrieb viele Briefe aus Schussenried, er wollte raus, er litt, er hungerte, er fror.

Die letzte Nachricht ist eine Postkarte vom 1. Mai 1940, mit der er sich für ein Paket bedankte.

Am 27. Juni 1940 erhielt seine Frau einen Trostbrief aus Grafeneck. Ihr Mann sei an einem Hirnschlag gestorben und eingeäschert, sie könne die Urne haben. Sie ließ sich die Urne schicken, auch wenn sicher nicht seine Asche darin ist, und beerdigte sie in Giengen.

Martin Bader ist am 14. 06. 40 von Schussenried nach Grafeneck gebracht und gleich ermordet worden. 624 Kranke der Anstalt Schussenried wurden insgesamt nach Grafeneck gebracht und umgehend ermordet.

Es gibt die »Verlegungsliste« von Schussenried nach Grafeneck, darin die Diagnose für Martin Bader: »Encephalitis Epidemia und arbeitsfähig: 0%«. Arbeitsfähig 0% war das Todesurteil. Die Frau bekam nach dem Krieg keinerlei Witwenrente. Ihr Mann wurde nicht als Opfer des Nationalsozialismus anerkannt. © Planet Schule / K. Weinrich

Grafeneck und die Folgen: Emma Dapp

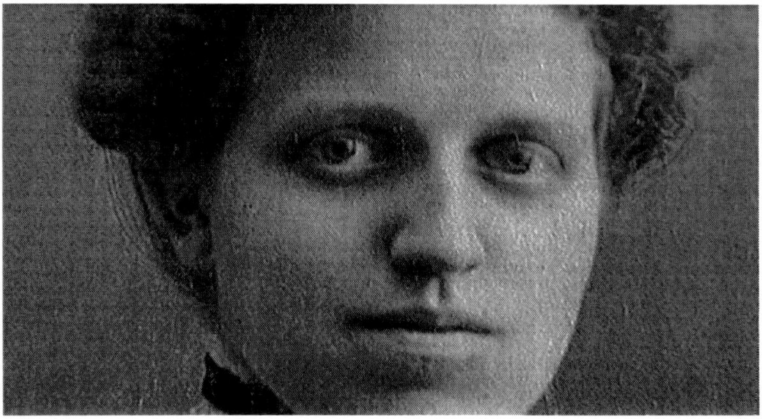

Emma Dapp wurde m 16.03.1889 in Stuttgart geboren, Alleenstraße 28, der Vater Adolf war Arzt, die Mutter hieß ebenfalls Emma, geborene Binder, sie starb 4 Tage nach der Geburt.

Der Vater war Krebsforscher mit eigenen Instituten in Heidelberg und Weilheim. Er muss sehr streng gewesen sein. Die Familie tendierte wohl dazu, Erbfaktoren im Guten wie im Belastenden viel Bedeutung zuzumessen. Emma, so »beschloss« die Familie, war belastet.

Emma verlobte sich 1911 mit dem Pfarrer Eugen Dapp, zunächst Pfarrer in Weilheim, dann in Kleingartach bei Heilbronn. Die Ehe soll nicht glücklich gewesen sein. Eugen war Jahrgang 1880, also 9 Jahre älter. Aber die beiden haben 4 Kinder, von denen eines jedoch sehr früh starb. Auch Eugen Dapp starb jung, schon 1918, an der asiatischen Grippe. Emma ist mit 29 Jahren Witwe.

Jetzt geriet sie in die Fänge ihrer Schwester, der einflussreichen Diakonissin Helene Zeller, die ihr die Kinder wegnahm. Es ist unklar, warum Emma Dapp sich das gefallen ließ. Möglich, dass ihr nach dem Tod von Mann und Kind die Kraft fehlte, sich zu wehren. Emma zog 1922 nach Mannheim in die Gärtnerstraße 5, wo sie bei zwei Diakonissinnen untergebracht war.

Im Herbst 1927 wurde Emma schwanger, sie war da 38 Jahre alt. Sie bringt weit weg in der Nähe von Leipzig ihre Tochter Ruth zur Welt, 1928. Auch diese Tochter wird ihr von der Schwester Helene weggenommen. Dann veranlasst die Schwester, dass Emma in die Psychiatrie Weinsberg/Weissenhof eingeliefert wird. Die Diagnose ist unklar bzw. sie entspricht in keiner Weise heutigen Maßstäben, im Zentrum steht eine »Haltlosigkeit«.

Acht Jahre lebt Emma Dapp dann in Weinsberg/Weissenhof. Die Akten zeigen, dass sie immer wieder verlegt wird, mal ist sie in einer Abteilung für Kranke, die auf den Weinbergen arbeiten, also die Klinik verlassen dürfen, dann wieder in einer geschlossenen Abteilung.

Emma Dapp hat wenige Wochen vor ihrem Tod einen Brief an ihre Schwester geschrieben. Die Gerüchte, dass Kranke ermordet werden, hatten sie erreicht, auch muss ihr eine Ärztin gedroht haben. Emma Dapp ahnte, in welcher Gefahr sie schwebte. Ihre Schwester nahm das nicht ernst.

Am 4. Juni 1940 wurde Emma Dapp mit 88 anderen Frauen nach Grafeneck gefahren und ermordet.

© Planet Schule

Schloss Grafeneck, Verwaltungsbau der »Euthanasie«-Aktion, © Gedenkstätte Grafeneck

Grafeneck und die Folgen: Rudolf Angele

Rudolf Angele, Arbeiter aus Ravensburg (Baden-Württemberg), geb. 16. Mai 1904 in Munderkingen (Baden-Württemberg), gest. 10. Juni 1940 in Grafeneck.

Rudolf Angele wurde im Alter von 26 Jahren am 15.4. 1931 in die Heilanstalt Weißenau aufgenommen. Aufgewachsen ist er in Ravensburg, dort hatte er auch seinen letzten Wohnsitz, geboren ist er in Munderkingen am 16.5. 1904. Sein Vater war Oberlehrer in Ravensburg, zum Aufnahmezeitpunkt des Sohnes war er pensioniert.

Eingangs der Krankengeschichte ist ein »ärztliches Aufnahmezeugnis des Dr. Schröder in Ravensburg vom 30.12. 1930 / 14.4.1931« wiedergegeben. Dort heißt es, dass er sich als Kind normal entwickelt habe, der Beginn seiner »geistigen Störung reicht auf das Jahr 1923 zurück«. Berufsbiographisch wird dann geschrieben, dass er zu diesem Zeitpunkt bei der Gewerbebank Biberach als Lehrling angestellt war, »bekam dort Angstgefühle und klagte häufig über Kopfweh«. 1924 kam er in eine Bank nach Pfullendorf, wo er dann abgebaut (sic!) wurde. In der Folgezeit war er erwerbslos, bis er 1925 in der Parkettfabrik in Ravensburg eingestellt wurde. Dort soll er nach einiger Zeit durch die Schuld eines anderen Angestellten seine Stelle verloren haben«.

Danach arbeitet er jeweils für kurze Zeit im städtischen Gaswerk, bei der Oberamtssparkasse in Ravensburg, als »Notstandsarbeiter« und als »Erdarbeiter«. »Wenn ihm etwas nicht passte, ging er einfach von der Arbeit weg und legte sich zu Hause ins Bett«. Anfang 1930 lernte er ein Mädchen kennen, »bekam aber mit dessen Angehörigen Differenzen, weil er behauptete, das Mädchen hätte bereits ein Kind von einem anderen.« Er wurde von diesen verklagt und erhielt »150 M Geldstrafe«.

Am 27.5.1930 ging Angele dann zu dem hier zitierten Dr. Schröder in die Sprechstunde und klagte über Angstgefühle, Zwangszustände, fühle sich beobachtet etc. Eine gewünschte Bescheinigung, dass er arbeitsunfähig sei, wurde ihm verweigert. Dr. Schröder hielt ihn für »anstaltsbehandlungsbedürftig«. Der Vater bringt ihn schließlich im April 1931 in die Anstalt. Die aufnehmende Abteilung beschreibt ihn als »ruhig, geordnet, besorgt sich selbst, wenig Verkehr mit seiner Umgebung«. Bereits nach wenigen Tagen hilft er »eifrig bei den Erntearbeiten mit«. Ende Mai 1931 wird notiert: »Hat selbst das Gefühl, dass ihm der Aufenthalt gut bekomme und dass er ruhiger geworden sei«. Im Juni wird er vom Vater abgeholt und »nach Hause beurlaubt«.

Zwei Jahre später kommt er erneut zur Aufnahme, er hatte keine Arbeit gefunden und immer die gleichen Beschwerden gehabt, insbesondere Angstgefühle. Sein Verhalten nach der Aufnahme: »Ruhig, besorgt sich selbst. Sehr misstrauisch, einsilbig.« Monate später wird notiert, dass er häufig gereizt sei, sich über das Essen beschwere, das Personal beschimpfe und seine Entlassung fordere. Sein Vater und seine Schwester besuchen ihn regelmäßig. Anfang 1934 wird geschrieben, dass er »wieder zugänglicher« sei. In diesem Jahr stirbt sein Vater, seine Reaktion darauf ist nicht beschrieben. Ab 1937 wird berichtet, dass er »sehr fleißig im Torfschuppen mitarbeitet« und dass er immer wieder »schauerliche Mordgeschichten erzählt«. Die Einträge werden dann immer seltener – »keine Änderung«. Der letzte Eintrag am 20. 2. 1940: »Guter Ernährungszustand«. Am Schluss der Akte liegt ein Brief bei, den er im August 1939 an ein »Fräulein Neugebauer« geschrieben hatte, zum großen Teil ist dieser mit Wasserflecken überzogen. Am Schluss schreibt er: »Dein Liebling Rudolf Angele, Kranker«.

Am 10. 6. 1940 wird er mit 69 Anderen Opfern in Weißenau von einem der »Grauen Busse« abgeholt und am selben Tag in Grafeneck getötet.

In einem Aktenkonvolut des Verwaltungsarchivs des ZfP Südwürttemberg/Weißenau mit Briefen von Angehörigen ist ein Schreiben des Bruders von Rudolf Angele zu finden, der am 1. 7. 1940 aus Stuttgart Degerloch an die »Direktion der Heilanstalt Weißenau« schreibt:

»Von der Landes-Pflegeanstalt Grafeneck erhielt ich am 21. Juni zu meiner größten Bestürzung ein Schreiben, worin mir mitgeteilt wurde, dass mein Bruder Rudolf unerwartet dort verschieden und bereits eingeäschert sei. Vor ca. 3 Wochen (am 9. Juni) besuchte noch meine Schwester ihn in Weißenau und fand ihn körperlich unverändert vor. Es befremdet mich sehr, dass weder von seinem Abgang dort, noch von seinem neuen Aufenthaltsort, sowie von seiner plötzlichen Erkrankung von keiner Seite irgendwelche Mitteilung gemacht wurde«.

© Paul-Otto Schmidt-Michel, Gedenkort T4

Grafeneck und die Folgen: Reinhold Beller

Reinhold Beller Gelegenheitsarbeiter aus Winterthur (Schweiz) geb. 17. Februar 1886 in Pfullendorf (Baden-Württemberg), gest. 24. Juli 1940 in Grafeneck.

Von Reinhold Beller konnte weder im Bundesarchiv noch in Schweizer Archiven eine Krankenakte gefunden werden. Er wurde am 24.7.1940 in Grafeneck ermordet. Im Staatsarchiv des Kantons Zürich findet sich jedoch ein Protokoll des Regierungsrats aus dem Jahr 1934, Sitzung vom 31. Mai 1934, in dem die »Ausweisung und Ausschaffung« von Reinhold Beller durch den Kanton Zürich beschlossen wurde.

»Mit Schreiben vom 2. Mai 1934 beantragt die Direktion des Armenwesens des Kanton Zürich die Heimschaffung des ledigen Reinhold Beller, geboren am 17. Februar 1886, von Pfullendorf, Baden, wohnhaft Winterthur, Ackeretstr. 13, da der genannte zu Lasten der zürcherischen Staatskasse unterstützt werden muss. Beller ist seit 1919 in Winterthur wohnhaft und muss nun in letzter Zeit von den Armenbehörden oft unterstützt werden. Das Arbeitsamt kann dem Manne keine Arbeit mehr vermitteln, nachdem verschiedene Versuche gescheitert sind. Eine ärztliche Untersuchung im Jahre 1933 ergab, dass Beller an schwerer Psychopathie mit Halluzinationen des

Körpergefühls leidet und deshalb anstaltspflegebedürftig sei. Beller ist mittellos und hat keinerlei hülfsfähige Angehörige. Die Übernahmeerklärung des badischen Bezirksamtes Pfullendorf liegt vor. Die Voraussetzungen zur Ausweisung des Beller im Sinne von Artikel 10, Absatz 1, lit. c, des Bundesgesetzes über Aufenthalt und Niederlassung der Ausländer vom 26. März 1931 sind erfüllt.

Der Regierungsrat.«

Am 11.4.1934 hatte das Arbeitsamt Winterthur an den »Schweiz. Metallarbeiter-Verband«, in Kopie an das Fürsorgeamt, geschrieben: »(...) da er melken und mähen kann, wurde er zu Landwirt Ganz in Buch am Jrchel (sic!) vermittelt. Heute meldet er sich wieder arbeitslos und gibt an, die Stelle von sich aus verlassen zu haben, da er aus hygienischen Gründen nicht mehr habe bleiben können«.

Das »Fürsorgeamt Winterthur, Armenpflege« hatte am 23.4.1934 den Antrag zur Ausweisung an den Kanton mit folgender Begründung gestellt: »Beller hat da und dort noch gearbeitet, nirgends lange und überall sich auffällig benommen. Wir können den Mann auf Dauer in diesem Zustand nicht hier behalten. Eine Internierung in einer hiesigen Anstalt käme für die heimatliche Behörde zu teuer und eine Beitragsleistung unsererseits ist ausgeschlossen«.

© Paul-Otto Schmidt-Michel, Gedenkort T4

Grafeneck und die Folgen: Constantine Alber

Constantine Alber, geb. 24. März 1887, gest. 9. September 1940 in Grafeneck.

Akte Staatsarchiv St. Gallen: Constantine Alber wurde am 24.3.1887 geboren und ging in Appenzell in die Schule. Ob sie in der Schweiz geboren wurde, geht aus der vorliegenden Akte der Anstalt Will nicht hervor. Als »Unterstützungswohnsitz« wird Ravensburg in Württemberg genannt. Dies könnte darauf hinweisen, dass entweder ihr Vater oder ihre Mutter ehemals von dort in die Schweiz eingewandert waren.

Sie wurde im Alter von 37 Jahren am 22.9.1924 im »Asyl Wil« stationär aufgenommen. Ihr letzter Wohnsitz war in St. Gallen in der Langgasse 19. Im Aufnahmebefund wurde festgehalten, dass sie acht Jahre zur Schule ging und danach im Eisenwarengeschäft des Vaters in St. Gallen arbeitete. Wenige Jahre vor ihrer Hospitalisierung habe sie als Hobby Graphologie studiert und in ihrer näheren Bekanntschaft Handschriften gedeutet. Dies auch bei einem mit ihr bekannten Pfarrer und nach der Deutung seiner Handschrift habe sie Gewissensbisse und Ängste entwickelt, dass ihr das nicht zustünde. Sie befürchtete den Weltuntergang und dass das »letzte Gericht« anstünde, so die Aufzeichnungen in der Krankenakte im Jahr 1924. Sie blieb drei Monate in der Anstalt Wil und wurde am 28.12.1924 wieder nach Hause entlassen: »Zustand hat sich gebessert, klagt weniger und ist seltener aufgeregt«, so lautet der letzte Eintrag zu diesem Zeitpunkt. Danach folgt ein Eintrag im Jahre 1957: »Pat. wurde später in die Heil- und Pflegeanstalt Weissenau b. Ravensburg aufgenommen und dort 1942 vergast! [...]«

Den Opferlisten der Gedenkstätte Grafeneck ist zu entnehmen, dass Frau Alber zuletzt wohnhaft in St. Gallen war, am 30.5.1925 in der Anstalt Weissenau aufgenommen wurde und im Alter von 53 Jahren am 9.9.1940 in Grafeneck getötet wurde.

© Paul-Otto Schmidt-Michel, Gedenkort T4

Fortfolgende Biografien © Stolpersteine in Bietigheim,
Thomas Reusch-Frey: Initiative Stolpersteine in Bietigheim-Bissingen

Grafeneck und die Folgen: Walter Hass

Walter Hass wurde am 4.10.1921 unehelich in Stuttgart geboren. Seine Mutter Karoline Burkhardt heiratete 1925 Rudolf Hass, dessen Familienname Walter 1926 erhielt. Die Familie lebte in Bietigheim. Walter Hass hatte eine geistige Behinderung, die der Besigheimer Oberamtsarzt Dr. Villinger auf Rachitis zurückführte. Er konnte erst mit fünf Jahren gehen und sprechen. Anscheinend besuchte Walter Hass ein halbes Jahr eine »Hilfsschule« in Flensburg. Er war ein Einzelgänger. Musik und Gesang machten ihm Freude. Sprechen fiel ihm schwer, doch attestierte Dr. Villinger, dass er »hilfsschulfähig« sei und für einen handwerklichen Beruf ausgebildet werden könne.

Am 23.6.1931 kam Walter Hass in die Heilanstalt Stetten. Er ging in die Anstaltsschule, wo er sich schnell eingewöhnte. Er war der beste Schüler seiner Klasse, machte gute Fortschritte im Lesen, Schreiben und Rechnen und galt als gutmütig. Im September 1931 besuchte ihn Rudolf Hass. Er war mit Walters Fortschritten nicht zufrieden und beklagte sich, dass Walter von einer Betreuerin misshandelt worden war. Diese hatte Walter fast das Ohrläppchen abgerissen. Daraufhin holten ihn die Eltern wieder nach Bietigheim nach Hause. Ob er danach eine Schule besuchte, ist nicht bekannt.

Am 7.5.1936 kam Walter Hass ins Bruderhaus nach Reutlingen. Sein Zustand hatte sich verschlechtert, er wurde nun als »geistig sehr schwach« bezeichnet. Am 26.3.1940 wurde Walter Hass auf Vorschlag des Bruderhauses Reutlingen in die Heilanstalt Stetten verlegt, da er eine spezielle Pflege benötigte. Der Stettener Anstaltsarzt berichtete über ihn: »kann schreiben, hilft auf der Abteilung, bohnert Böden tadellos. Ist reinlich, versorgt sich selbst. Ist gut ansprechbar.« Am 5.11.1940 wurde Walter Hass nach Grafeneck gebracht und am selben Tag in der Gaskammer ermordet. Das gefälschte offizielle Sterbedatum lautete auf den 20.11.1940, die angebliche Todesursache Ruhr und Kreislaufschwäche.

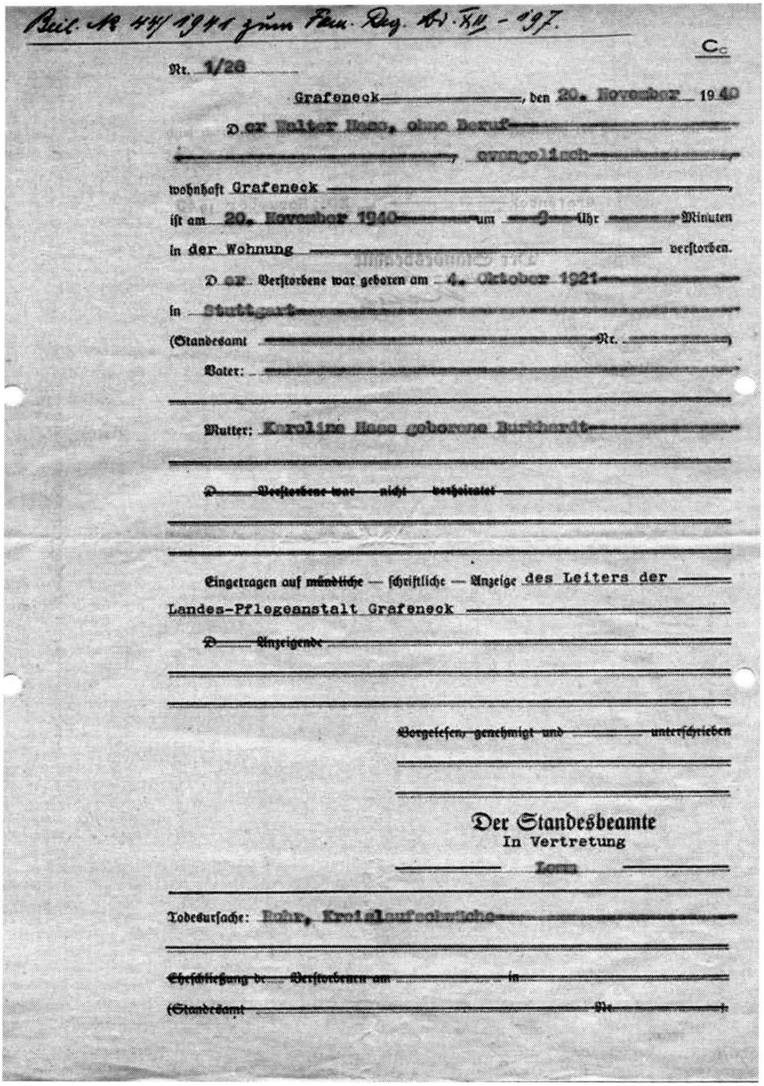

Beil. Nr 44/1941 zum Fam. Reg. Nr. XII - 197.

Cc

Nr. 1/26

Grafeneck, den 20. November 1940

Der Walter Hass, ohne Beruf

evangelisch

wohnhaft Grafeneck

ist am 20. November 1940 um [illegible] Uhr Minuten

in der Wohnung verstorben.

Der Verstorbene war geboren am 4. Oktober 1921

in Stuttgart

(Standesamt Nr.)

Vater:

Mutter: Karoline Hass geborene Burkhardt

D Verstorbene war nicht verheiratet

Eingetragen auf mündliche — schriftliche — Anzeige des Leiters der Landes-Pflegeanstalt Grafeneck

D Anzeigende

Vorgelesen, genehmigt und unterschrieben

Der Standesbeamte
In Vertretung
Lorn

Todesursache: Ruhr, Kreislaufschwäche

Eheschließung d Verstorbenen am in

(Standesamt Nr.)

Die Sterbeurkunde des 19-jährigen Walter Hass, der nicht wie angegeben an Ruhr und Kreislaufschwäche starb, sondern in Grafeneck vergast wurde. © Bildarchiv Gedenkstätte Grafeneck

Grafeneck und die Folgen: Karl Reinhardt

Karl Reinhardt wurde als siebtes von acht Kindern am 11.9.1886 in Bietigheim geboren. Außer ihm überlebten nur zwei Brüder das Kleinkindalter. Karl besuchte die Volksschule in Bietigheim. Anschließend machte er eine Schlosserlehre und arbeitete in verschiedenen deutschen Städten. Später arbeitete er in der Schweiz, Frankreich und Belgien in verschiedenen Berufen, u. a. als Hotelportier an der Riviera. Nebenbei spielte er Violine. Diese »Wanderjahre« waren laut Aussage seines Bruders die glücklichste Zeit in Karl Reinhardts Leben. Im 1. Weltkrieg wurde er zwar eingezogen, musste aber nicht an die Front, sondern arbeitete bei Daimler in Untertürkheim. Nach dem Krieg schloss er sich eine Zeitlang der Bewegung des aus Bönnigheim stammenden dubiosen »Wanderpredigers« Ludwig Häusser an, »ließ sich lange Haare wachsen und zog mit Gleichgesinnten bummelnd in der Welt herum«, wie sein Bruder berichtete. Später arbeitete er wieder als Schlosser, u. a. bei den DLW in Bietigheim.

Von 1925–1927 wohnte er in Bietigheim bei seinem kranken Vater. In dieser Zeit arbeitete er nicht, verließ kaum das Zimmer und zog sich immer mehr zurück. Er las spiritistische und okkultistische Bücher und beschäftigte sich mit Philosophie. Sein in Stuttgart lebender Bruder vermittelte ihm im Herbst 1927 eine Arbeitsstelle in Cannstatt. Dort arbeitete er bis kurz vor Weihnachten und klagte ab diesem Zeitpunkt über Schwindelgefühle und Müdigkeit. Er schien mit seiner Arbeit überfordert zu sein, fühlte sich von Ämtern und Kollegen benachteiligt und verschloss sich immer mehr. Im Alltag kam er nicht mehr zurecht. Von einem Nervenarzt, an den er sich selbst gewandt hatte, wurde er am 8.2.1928 in die psychiatrische Abteilung des Stuttgarter Bürgerhospitals eingewiesen. Dort wurde er als »äußerlich ruhig, auch zuvorkommend« beschrieben. Karl Reinhardt gab an, dass er manchmal verwirrt sei und auch Musik höre. Bis zum 23.4. 1928 war er im Bürgerhospital und kam dann in die Heilanstalt Christophsbad nach Göppingen, wo er bis zum 14.10.1940 untergebracht war. An diesem Tag wurde er zur Tarnung in die Zwischenanstalt Winnental gebracht.

Von dort wurde er am 29.11.1940 nach Grafeneck deportiert und am selben Tag ermordet.

Grafeneck und die Folgen: Emil Weil

Emil Weil, als eines von neun Geschwistern wurde Emil Weil am 5. September 1901 in Bissingen geboren. Ähnlich wie seine Schwester Albertine war er von Geburt an geistig behindert. In der Bahnhofstraße 25 lebte Emil gemeinsam mit seiner 1925 verwitweten Mutter und der Schwester in eher ärmlichen Verhältnissen. Albertine arbeitete im Haushalt des Bissinger Pfarrers Oesterle. Emil half beim Holzhacken und anderen Arbeiten in der Nachbarschaft. Im Herbst sammelte er Obst auf und transportiere es im Leiterwagen durch den Ort. Daran können sich einige Ältere noch erinnern ebenso wie an die Hänseleien, denen er ausgesetzt war.

Am 6. Mai 1939 wurde er wegen seiner Behinderung in die Anstalt Weinsberg eingewiesen. Dabei wurde für Emil Weil festgehalten, dass der 1,69 Meter große, dunkelblonde Mann mit den grauen Augen 62 kg wog.

Am 4. Dezember 1940 wurde er nach Grafeneck gebracht und dort ermordet. An diesem Tag kamen mit Emil Weil insgesamt 57 Männer aus Weinsberg um. Der Familie wurde als offizielles Sterbedatum der 16. Dezember 1940 mitgeteilt. Zu diesem Zeitpunkt war Grafeneck bereits geschlossen. Das Datum wurde also zur Tarnung manipuliert. Als Todesursache wurde in dem

»Trostbrief«, den die Familie erhielt, »Gürtelrose« angegeben, wie sich eine Nichte erinnert. Die in Weinsberg noch vorhandenen Kleidungsstücke wurden der Mutter übersandt.

Grafeneck und die Folgen: Marie Sick

Marie Sick geb. Kurzenberger wurde am 17. September 1884 in Bietigheim geboren. Am 12. November 1910 heiratete sie den Gipser Albert Sick aus Bissingen. Aus der gemeinsamen Ehe gingen zwischen 1910 und 1915 fünf Kinder hervor, zwei davon starben kurz nach der Geburt. Gemeinsam lebte das Ehepaar in Bissingen in der Ludwigsburger Straße 38, heute Kreuzstraße 22. Im Mai 1914 machten sich bei Marie Sick erstmals Anzeichen einer psychischen Erkrankung bemerkbar. Deshalb kam sie am 12. Juni 1914 ins Lazarettkrankenhaus nach Ludwigsburg. Ab dem 2. Juli 1914 war Marie Sick dann in der Privatanstalt Christophsbad in Göppingen untergebracht.

Am 13. November 1914 wurde Marie Sick nach Hause beurlaubt, da es ihr wieder besser ging. Diese Besserung war leider nur von kurzer Dauer. Da Marie Sick schwanger war, wurde entschieden, dass sie bis zur Geburt ihres Kindes nicht wieder in eine Anstalt zurück sollte. Im März 1915 kam dann ihr Sohn in der Landeshebammenschule Stuttgart zur Welt. Am 8. April 1915 wurde Marie Sick wieder in die Anstalt Christophsbad in Göppingen aufgenommen. In Göppingen blieb sie bis zum 29. Dezember 1922 und kam dann in die staatliche Anstalt Weissenau. Dort ging es ihr zunehmend schlechter, ihr Gesundheitszustand wechselte und ihr Befinden war schwankend. Des Öfteren half sie bei Haushaltsarbeiten in der Anstalt mit und strickte. Bei gutem Wetter hielt sich Marie Sick im Garten der Anstalt auf. Leider hat sich von Marie Sick nirgends ein Foto erhalten. Ungefähre Angaben in Patientenakten können uns in etwa eine Vorstellung geben, wie sie aussah: sie war 1,55 Meter groß und hatte braune Augen und dunkelblonde Haare.

Am 28. August 1940 wurde Marie Sick von Weissenau nach Grafeneck deportiert und am selben Tag ermordet. Offiziell starb sie an einem Herzschlag am 7. September 1940 in der »Landespflegeanstalt Grafeneck«.

Grafeneck und die Folgen: Gustav Strenger

Gustav Strenger wurde am 25.11.1896 in Vaihingen an der Enz geboren. Einige Jahre später zog die Familie nach Bietigheim und lebte in einem Haus der Deutschen-Linoleum-Werke in der Ringstraße 8 im Aurain. Im Alter von 14 Jahren wurde Gustav aufgrund einer rechtsseitigen Lähmung in der Wernerschen Kinderheilanstalt in Ludwigsburg untergebracht. Diese Lähmung war wohl Folge einer Hirnentzündung im Kindesalter. Später arbeitete Gustav Strenger als Hilfsarbeiter in den Linoleumwerken. In einem ärztlichen Zeugnis, kurz vor der Aufnahme in die Heil- und Pflegeanstalt Weinsberg, berichtet die Mutter, dass Gustav Strenger an seinem Arbeitsplatz gehänselt wurde, vermutlich wegen seiner Behinderung. Sein Zustand wird so beschrieben: »Behauptet verfolgt zu werden, das Essen sei vergiftet, verweigert deshalb die Nahrung, verweigert auch jegliche Medizin. In seiner häuslichen Wohnung wurde während seines Krankseins elektrisches Licht eingerichtet. Seitdem stehe er unter ›elektrischem Strom‹. Schläft nicht, geht die ganze Nacht im Zimmer auf und ab, ist nicht ins Bett zu bringen. Bekommt Weinanfälle. Ist vollständig abweisend; hat mit mir [dem untersuchenden Arzt] noch kein Wort gesprochen«

Der zutiefst verunsicherte Mann kam dann am 25. August 1928 in die Anstalt Weinsberg, dort war er bis zu seiner Deportation und Ermordung im Jahr 1940 untergebracht. Während seines Aufenthalts in Weinsberg war er sehr in sich gekehrt, redete kaum mit Ärzten und Pflegepersonal, verweigerte des Öfteren die Nahrung. Er hatte nach wie vor Angst, dass man ihm Gift ins Essen tat. Er vermutete, dass man das schon tat, als er noch in der Fabrik arbeitete. Die einzige Abwechslung waren die gelegentlichen Besuche seiner Mutter. Ab und an hatte Gustav Strenger auch epileptische Anfälle. Später war er eher laut, unruhig und gereizt, an Arbeiten, die Pfleglinge damals in der Anstalt machten, beteiligte er sich nicht. Sein Gesundheitszustand verbesserte sich nicht. Am 16. Juli 1940 wurde er von Weinsberg nach Grafeneck deportiert. In den Akten wird die Deportation als „Verlegung in eine andere Anstalt" vertuscht. Am gleichen Tag wurde Gustav Strenger in der dortigen Gaskammer ermordet. Sein Tod wurde offiziell für den 1. August 1940 beurkundet.

HIER WOHNTE
GUSTAV STRENGER
JG. 1896
EINGEWIESEN 1928
HEILANSTALT WEINSBERG
'VERLEGT' 18.7.1940
GRAFENECK
ERMORDET 18.7.1940
'AKTION T4'

Grafeneck und die Folgen: Eugen Brust

Eugen Brust wurde am 13. Februar 1912 in Untermberg geboren und lebte dort mit seinen Eltern und Geschwistern in der Hauptstraße 4, heute Bissinger Straße 4. Eugen besuchte die Volksschule, wo er »ausgezeichnet gelernt« hat, wie es in seiner Patientenakte heißt. Nach der Schule arbeitete er in der elterlichen Landwirtschaft mit und bekam 1932 bei einem Gärtner in Bissingen eine Anstellung.

Am 14. September 1934 wurde er in die psychiatrische Abteilung des Bürgerhospitals Stuttgart in Begleitung seines Vaters eingeliefert. Nach Ansicht des Vaters hatte es der Sohn »an den Nerven«. In den Akten ist vermerkt, dass Eugen Brust bei seiner Einlieferung in autistischer Haltung dastand, etwas verschmitzt lächelte und unsicher im Zimmer umherblickte. Eugen Brust wird als »stets sehr ruhig und still«, wie auch als »außerordentlich fleißig und sparsam« beschrieben, fühlte aber selbst, dass er von den anderen als »eigenartig angesehen« wurde.

Vom Bürgerhospital kam er im Oktober 1934 in die Anstalt Weinsberg, wo er, bis auf eine Unterbrechung von sieben Monaten, bis zu seinem Abtransport nach Grafeneck am 21. Juni 1940 lebte. Noch am selben Tag wurde er in der Gaskammer von Grafeneck ermordet.

Am 18. Juli 1940 erkundigte sich sein Vater nach dem Befinden seines Sohnes. In einem Antwortschreiben hieß es, dass der Sohn wegen der Kriegslage in eine andere Einrichtung verlegt worden sei. Als dieses Schreiben verfasst wurde, war Eugen Brust bereits tot.

Die Angaben zu den einzelnen Opferbiografien basieren auf den Recherchen von Frau Margit Stäbler-Nicolai, der Initiatorin der Stolpersteinverlegungen in Besigheim, © Stolpersteine in Besigheim

Grafeneck und die Folgen: Frida Dippon

Frida Dippon kommt am 20. November 1896 als siebentes Kind des Korbmachers Johann Frey und dessen Ehefrau Pauline, geb. Wahle, in Großsachsenheim zur Welt. Mit 21 Jahren heiratet sie den aus Beutelsbach stammenden Ernst Dippon, der als Pförtner bei der Farbenfabrik Siegle & Co. in Besigheim beschäftigt ist. Sie selbst arbeitet als Näherin. Beide gehören der Neuapostolischen Kirche an. Aus der Ehe gehen zwei Kinder hervor: 1920 wird Sohn Ernst geboren, der 1942 an der Ostfront fällt, 1923 kommt Sohn Hugo zur Welt.

Im Januar 1926 wird Frida Dippon »als geistesgestört zur Heilung« in die Universitätsklinik für Gemüts- und Nervenkrankheiten Tübingen eingewiesen. Nach siebenmonatigem Aufenthalt kehrt sie »ungeheilt« nach Hause zurück. Ein halbes Jahr später (1927) erfolgt auf ärztlichen Rat und im Einvernehmen mit den Angehörigen die Einweisung in die Staatliche Heilanstalt Weinsberg, wo sie die nächsten dreizehn Jahre verbringt.

Frida Dippon gehört zu den ersten Krankenmordopfern der Landespflegeanstalt Grafeneck. Gemeinsam mit 47 weiteren Frauen wird sie am 25. Januar 1940, eine Woche nach Inbetriebnahme der Vernichtungsanstalt, von Weinsberg nach Grafeneck »verlegt«. Sie wird dort noch am selben Tag vergast. Ihr Todesdatum wird gefälscht und auf den 20. Februar 1940 datiert. Es ist der erste Transport dieser Art, der die Heilanstalt Weinsberg verlässt.

Grafeneck und die Folgen: Rupprecht Villinger

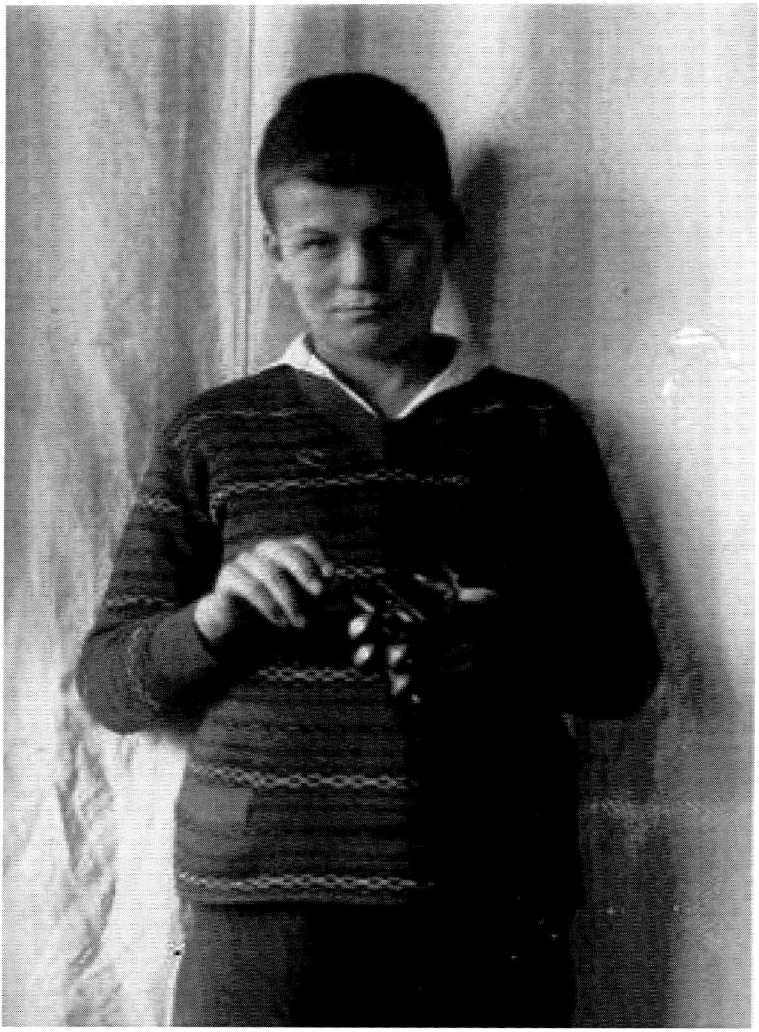

Rupprecht Villinger wurde am 12. November 1914 in Stuttgart geboren. Getauft am 26. Dezember in Stuttgart. Konfirmiert wurde er am 30. März 1930 in Besigheim. 1922–1930 Volksschule Besigheim, 03.03.1931 Aufnahme in die Anstalt Stetten, 21.10.1933 Austritt – er soll zur Behandlung zu Dr. Becker nach Heilbronn. 14.11.1933 Aufnahme in die Nervenheilanstalt Schussenried. 18.06.1940 verlegt nach Grafeneck, am gleichen Tag vergast.

Mit gleichem Datum findet er sich in einer Liste, die Patienten, die an diesem Tag nach Grafeneck verlegt wurden, enthält. In dieser Liste ist als Diagnose Schizophrenie angegeben, seine Arbeitsfähigkeit mit 80%. Rupprecht Villinger ist im Gedenkbuch der Gedenkstätte Grafeneck aufgenommen. Er wurde am 18. 06. 1940 aus Schussenried deportiert und am selben Tag in Grafeneck ermordet.

Rupprecht wird als viertes Kind in die Familie Villinger geboren. Die Familie lebte im 1910 von Dr. med. Eberhard Villinger und seiner ersten Ehefrau Helene gebauten Haus in der Bahnhofstraße 17 in Besigheim. Dr. Eberhard Villinger war das jüngste der elf Kinder des Christian Gotthilf Villinger, Apotheker in Besigheim. Dieser Villinger war ein bedeutender Bürger der Stadt Besigheim. Die Apotheke, bzw. das Haus steht noch immer am Besigheimer Marktplatz. Die Ehefrau war eine Marie Weitbrecht, Pfarrerstochter aus Hegenlohe stammend. Helene Blum, die

Mutter von Rupprecht, hatte acht Geschwister. Ihr Vater war Prälat und Feldprobst Otto Blum.

Während der Schwangerschaft erkrankte Rupprechts Mutter schwer. Zwei Wochen nach seiner Geburt verstarb Helene Villinger. Sie hinterließ vier Kinder und einen sicher überforderten Ehemann. Rupprecht blieb ein Jahr im Säuglingsheim in Stuttgart. Dort kümmerte sich besonders Oberin Irmgard Zipperling um ihn. Auch nach der Entlassung von Rupprecht brach der Kontakt zwischen Eberhard Villinger und Irmgard Zipperling nicht ab. Sie heirateten 1916. Sohn Eberhard wird 1917 geboren. Liebevoll nannte Irmgard Villinger Rupprecht „Ruppel". Sie hatte eine ganz besondere Beziehung zu ihm.

Irmgard Villinger schreibt in ihren Erinnerungen »Mein Weg« über Rupprecht: *»Er konnte nie ganz klar die Zusammenhänge des Geschehens begreifen, wohl aber, wie verschärft, die Einzelheiten. Er lernte spät sprechen, aber sein ganzes Mienenspiel, sein Körper sprachen und er liebte die Worte, die er selbst formte. Mit dem um drei Jahre jüngeren Bruder entwickelte er sich soweit gut, brachte es aber mit fünf Jahren noch nicht dazu, einige Worte nachzusprechen. Bis ich merkte, wie ganz anders alles in ihn eindrang. Es war deutlich zu erkennen, wie in seinem Verstand ein Fehler war, sein Fühlen und Wollen war von besonderer Reinheit und*

Kraft. An seinen Aussprüchen, dem sicheren Erkennen der Menschen durch die ausgeprägte Sympathie und Antipathie empfand ich überraschende Fähigkeiten. Neben seinem ungeheuren Fleiß, Ordnungssinn und Pflichttreue war aber das Schönste sein reines Herz voll großer Liebe mit einem Wissen, das nicht aus dem Verstand kam. Er wusste früh, dass er anders war wie andere – litt unter dem oft Geneckt werden in der Schule – aber er stand darüber und sein kleiner Bruder schützte ihn oft. So war seine Kindheit glücklich — und nun der Bruch bei seiner Reife. Auch jetzt gab es immer wieder gute Tage, Wochen, in denen seine Angstidee ihn freiließ, aber mit grausamer Deutlichkeit mussten wir die Kraft und Macht des Wahnes kennenlernen und erlebten die Gewalt der Dämonie und ihre übermenschlichen Kräfte. Es war ein langer, schwerer Weg, auf dem wir alles Erdenkliche versuchten, immer deutlicher war aber die Entwicklung des Verfolgungswahnes aus der Pfropfschizophrenie zu erkennen. Sein Bleiben im Elternhaus war unmöglich. Nach verschiedenen Zwischenstationen kam er nach Schussenried in die Nervenheilanstalt.« Und: »Er war kein schlechter Schüler in der Volksschule mit seinem sicheren Gedächtnis und der fehlerlosen Orthographie, selbst im Rechnen und Aufsatz hat er durchschnittliche Noten erreicht.«

Die Familie Villinger, Rupprecht vordere Reihe rechts

HIER WOHNTE
RUPPRECHT
VILLINGER
JG. 1914
EINGEWIESEN 1933
'HEILANSTALT' SCHUSSENRIED
ERMORDET 18.6.1940
GRAFENECK
AKTION T4

Grafeneck und die Folgen: Alfred Händel

Alfred Händel wird am 22. Dezember 1909 in Heilbronn geboren. Sein Vater Karl Friedrich Händel ist Bäckermeister. Seine Mutter Christiane Pauline stammt aus der Familie des Besigheimer Küfermeisters Johannes Pfost, der eine Werkstatt in der Vorstadt 15 besitzt. Die Eheleute betreiben eine eigene Bäckerei: zuerst in Heilbronn, ab 1911 in der Besigheimer Turmstraße, wo die Familie auch anfänglich wohnt. Später zieht sie in das eigene Wohnhaus in die Vorstadt 15.

Alfred absolviert nach dem Besuch der Volksschule und der Realschule eine kaufmännische Ausbildung in Heilbronn. Anschließend arbeitet er bei der Glasmanufaktur Frey in Bietigheim. 1933 werden bei ihm erstmals Verhaltensänderungen festgestellt, deren Ursache Angehörige auf eine Auseinandersetzung mit seinem Arbeitgeber zurückführen. In der Folgezeit wird Alfred Händel stationär in der Universitätsklinik für Gemüts- und Nervenkrankheiten Tübingen behandelt. Im Jahr darauf (1934) wird er in die Staatliche Heilanstalt Weinsberg eingewiesen, die ihn nach nur wenigen Tagen »ungeheilt« nach Hause entlässt. Auf Bitten seiner Eltern erfolgt 1936 die erneute Aufnahme in Weinsberg, wo er die nächsten vier Jahre verbringt.

Den offiziellen Unterlagen zufolge stirbt Alfred Händel am 15. Juli 1940 in Hartheim/Linz. Wie bei vielen anderen Krankenmordopfern auch, sind Zeitpunkt und Ort des Todes gefälscht, um die Angehörigen zu täuschen. In Wahrheit wird Alfred Händel am 21. Juni 1940 zusammen mit 73 weiteren Opfern von Weinsberg nach Grafeneck »verlegt« und dort noch am selben Tag vergast.

Grafeneck und die Folgen: Friederike Zehender

Marie Friederike Zehender kommt am 6. Dezember 1872 in Besigheim zur Welt. Ihre Eltern sind der Fischer Immanuel Zehender und dessen Ehefrau Magdalena, geb. Holzwarth, aus Benningen. Im Alter von zwei Jahren verliert Marie infolge einer Kinderkrankheit ihr Gehör. Nach einem mehrmonatigen Aufenthalt in der Werner'schen Kinderheilanstalt in Ludwigsburg wird sie 1885 in die Obhut der Taubstummenanstalt Winnenden gegeben, wo sie Schreiben und Lesen und auch Gesprochenes vom Munde abzusehen lernt. 1890 kehrt sie in das elterliche Wohnhaus in die Vorstadt 5 zurück.

Zu Beginn des Jahres 1897 wird sie in die Paulinenpflege Winnenden eingewiesen, einem Asyl für taubstumme Erwachsene. Dort führt sie zunächst ein unauffälliges Leben, bis sich Verhaltensauffälligkeiten häufen, die ihr Aufsichts- und Pflegepersonal zunehmend überfordern. Daraufhin wird Marie 1903 in die Heil- und Pflegeanstalt Winnenthal und im Jahr darauf (1904) in die Staatliche Heilanstalt Weinsberg gegeben, wo sie die nächsten siebzehn Jahre verbringt. Schließlich kommt sie 1921 in die Landarmenanstalt Markgröningen, deren Fürsorge Geistesschwachen und Epileptikern, verwahrlosten Kindern, vor allem aber Blinden und Taubstummen gilt.

Marie Friederike Zehender wird am 7. August 1940 mit dem ersten Transport von Markgröningen nach Grafeneck »verlegt«. Dort wird sie noch am selben Tag in der Gaskammer ermordet. Ihr Todesdatum wird gefälscht und auf den 14. August 1940 gelegt.

Grafeneck und die Folgen: Heinrich Bauer

Heinrich Bauer wird am 12. Januar 1909 als erstes Kind des Gotthilf Bauer und dessen Ehefrau Rosine Karoline, geb. Günther, in Besigheim geboren. Fünf weitere Kinder folgen. Die Familie wohnt in der Hauptstraße 19, einem stattlichen Wohn- und Geschäftshaus, in dem die Eltern einen Gemischtwarenhandel betreiben. Heinrich besucht die örtliche Volksschule und beginnt anschließend eine Ausbildung bei der Besigheimer Gewerbebank; danach arbeitet er im elterlichen Geschäft.

Als Anfang des Jahres 1928 Zeichen einer geistigen Veränderung festgestellt werden, wird der damals 19-Jährige erstmals in die Universitätsklinik für Gemüts- und Nervenkrankheiten Tübingen eingewiesen. Nach einer kurzen Genesungszeit folgen zwei weitere stationäre Aufenthalte, bis er schließlich 1931 in die Staatliche Heilanstalt Weinsberg gebracht wird. Nach drei Jahren (1934) kehrt er kurzzeitig als »gebessert« nach Hause zurück. Doch schon im Jahr darauf (1935) wird er auf Bitten seiner Angehörigen wieder in Weinsberg aufgenommen.

Den standesamtlichen Unterlagen zufolge stirbt Heinrich Bauer am 31. Juli 1940 in Sonnenstein/Sachsen. Tatsächlich wird er am 16. Juli 1940 von Weinsberg nach Grafeneck »verlegt« und dort noch am selben Tag vergast.

Das gefälschte Todesdatum ist kein Einzelfall, vielmehr gängige Praxis, um die Massenmorde zu verschleiern und die Angehörigen zu täuschen.

Grafeneck und die Folgen: Friederike Müller

An **Friederike Müller** erinnert der Stolperstein vor dem Wohnhaus Vorstadt 32, die hier am 31. August 1887 zur Welt gekommen ist. Ihre Eltern waren der Schmied Karl Friedrich Müller und dessen Ehefrau Karoline Katharina, geb. Gerstetter. Nur wenig ist über Friederike Müller bekannt, die anfänglich als Dienstmagd ihren Lebensunterhalt verdient und später einige Zeit als Näherin bei der Mechanischen Trikotweberei Mattes & Lutz beschäftigt ist. Ab Mitte der 20er Jahre wird sie arbeitslos.

Als sich bei ihr Verhaltensauffälligkeiten häufen, lässt das damalige Stadtschultheißenamt ein ärztliches Gutachten erstellen, demzufolge »eine Unterbringung in einer Irren-Anstalt [...] für notwendig« erachtet wird. Daraufhin wird Friederike 1927 in der Landesfürsorgeanstalt Rabenhof bei Ellwangen aufgenommen, einer Armenbeschäftigungs- und Bewahranstalt für obdachlose, alte, kranke und behinderte Menschen. Dort verbringt sie die nächsten zehn Jahre, bis sie schließlich 1937 in die Heilanstalt Liebenau verlegt wird, wo sie zwei erfolglose Ausbruchsversuche unternimmt.

Friederike Müller wird am 2. Oktober 1940 von Liebenau nach Grafeneck »verlegt« und dort noch am selben Tag in der Gaskammer ermordet.

HIER WOHNTE
FRIEDERIKE MÜLLER
JG. 1887
EINGEWIESEN 1937
HEILANSTALT LIEBENAU
'VERLEGT' 2.10.1940
GRAFENECK
ERMORDET 2.10.1940
AKTION T4

Grafeneck und die Folgen: Anna Maria Difliff

Anna Maria Difliff wird am 17. August 1890 in Besigheim als jüngstes Kind der Eheleute Rosine Catherine und Gottlieb Friedrich Difliff geboren. Zuvor hatte ihre Mutter elf Kinder zur Welt gebracht, von denen sieben im Kindesalter starben. Über Anna Maria und ihre Familie ist nur wenig bekannt. Sie ist zunächst bei der Firma Bosch in Feuerbach beschäftigt, anschließend arbeitet sie einige Zeit in der Besigheimer Tabakfabrik.

Von 1918 an häufen sich ihre Krankheitsfälle, die 1921 zu einem mehrmonatigen stationären Aufenthalt in der Universitätsklinik für Gemüts- und Nervenkrankheiten Tübingen führen. Als sie »gebessert« nach Besigheim zurückkehrt, wohnt sie, zumindest zeitweise, bei ihrem Bruder Johann in der Vorstadt 14. Spätestens 1933 kommt sie in der Bietigheimer Straße 1 unter, in unmittelbarer Nachbarschaft zur Mechanischen Trikotweberei Mattes & Lutz, wo sie als Heimarbeiterin Beschäftigung findet. 1937 wird sie auf ärztliche Anweisung in die Staatliche Heilanstalt Weinsberg eingewiesen.

Von Weinsberg aus wird Anna Maria Difliff am 19. August 1940 mit 54 weiteren Frauen nach Grafeneck »verlegt«. Sie wird dort noch am selben Tag vergast.

HIER WOHNTE
ANNA MARIA DIFLIFF
JG. 1890
EINGEWIESEN 1937
HEILANSTALT WEINSBERG
'VERLEGT' 19. 8. 1940
GRAFENECK
ERMORDET 19. 8. 1940
AKTION T 4

Grafeneck und die Folgen: Marie Schlienz

Marie Schlienz wird am 21. Januar 1867 als Tochter des Tuchmachers Leonhard Wanner und dessen Ehefrau Christine Katherine, geb. Lorenz, in Holzgerlingen geboren. 1890 heiratet sie den aus Zuffenhausen stammenden Bahnhilfswärter Wilhelm Friedrich Schlienz. Das Ehepaar wohnt zunächst in Zuffenhausen, anschließend in Cannstatt, wo ihre Tochter Emilie 1892 geboren wird. Spätestens 1896 zieht die junge Familie nach Besigheim, die anfänglich im Bahnwärterhäuschen unterkommt und später in der Friedrichstraße 5 wohnt.

Zwischen 1905 und 1940 verbringt Marie Schlienz mehrere Aufenthalte in der Staatlichen Heilanstalt Weinsberg: Nach einer ersten mehrmonatigen Verweildauer, bei der Symptome einer psychischen Erkrankung diagnostiziert werden, folgt schon kurze Zeit später eine zweite Einweisung, die mehr als 13 Jahre andauern wird. Während dieser Zeit lässt sich ihr Ehemann Friedrich Schlienz »wegen unheilbarer Geisteskrankheit der Ehefrau« scheiden. Als sie 1919 in »gebessertem Zustand« wieder nach Hause entlassen wird, lebt sie bei ihrer inzwischen verheirateten Tochter Emilie in der Aiperturmstraße 5. Drei Jahre später (1922) erfolgt die erneute Aufnahme in Weinsberg.

Marie Schlienz wird am 4. Juni 1940 gemeinsam mit 63 weiteren Frauen von Weinsberg nach Grafeneck deportiert. Dort wird sie noch am selben Tag vergast. Um den Massenmord zu verschleiern, wird ihr Todesdatum gefälscht und auf den 23. Juni 1940 gelegt. Ihre Angehörigen erfahren erst Wochen später von ihrem Tod.

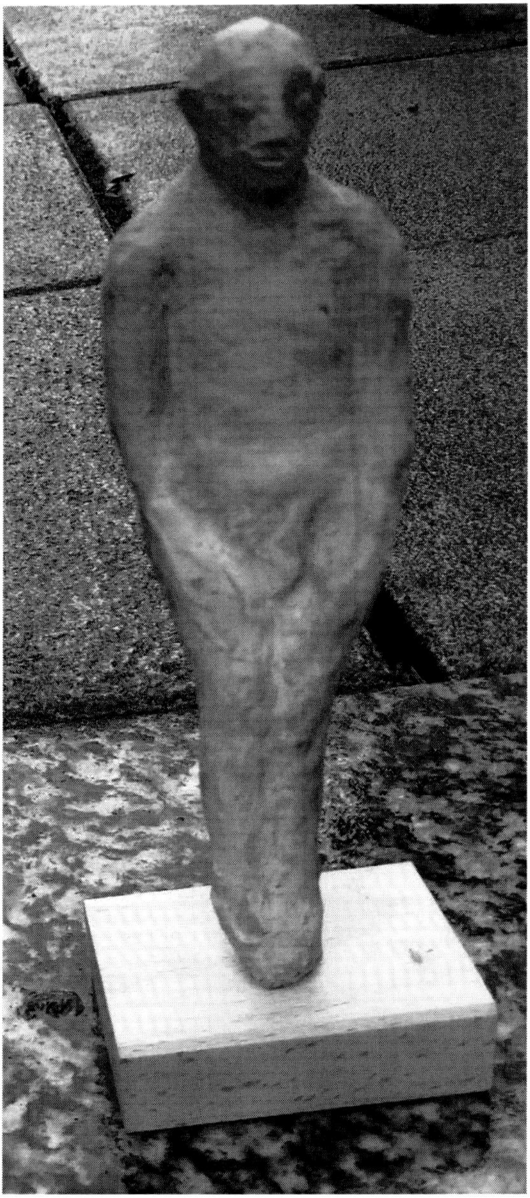

Eine der 10.654 Gedenkstelen in Grafeneck, Foto des Autors

Die bisher veröffentlichten Bücher des Autors sind bei jeder Buchhandlung und im Selbstverlag* des Autors zu beziehen.
magehenne@web.de

Leben Landschaft Jahreslauf, Gedichte, 150 Seiten

Der Weißdorn des Grafen Eberhard,
Gedichte und Prosa, 144 Seiten

Versteinerte Zeit, Gedichte und Prosa, 118 Seiten*

Römische Impressionen, Streifzüge durch die Antike, 195 Seiten

Doch es kehret umsonst nicht unser Bogen,
woher er kommt, Lyrik und Prosa, 170 Seiten

Im Lauf der Zeit, Ereignisse und Lebenswege
aus Württemberg, 228 Seiten

Schatten und Licht, Prosagedichte, 178 Seiten

Das Unternehmen ›Wüste‹ und die Konzentrationslager
im Zollernalbkreis, 143 Seiten*

Ilse Koch – Die Kommandeuse von Buchenwald,
Eine Darstellung des Bösen, 125 Seiten*

Von unermesslichen Wiesenorten will ich sprechen,
Die Massaker in den Fosse Ardeatine und in Sant'Anna
di Stazzema, 164 Seiten

Sepp Dietrich – Der beschränkte SS-General *und*
Konstantin von Neurath – Eine Nazi-Karriere, 176 Seiten*

Der unendlichen Worte nächtlich beladener Kahn,
Schreiben gegen das Vergessen, 184 Seiten*

Wilhelm Boger – »Die Bestie von Auschwitz« – Eine Beweisführung,
166 Seiten

Das Konzentrationslager Heuberg, erste Verfolgungen 1933,
148 Seiten

Manfred Henne,

geboren in Albstadt-Ebingen, aufgewachsen in Obernheim, Zollernalbkreis, lebt im Kreis Ludwigsburg. Bis zur Rente im Beruf als Schriftsetzer tätig, zuletzt als Fotosetzer in einer Verlagsdruckerei.

Der Autor ist in der Landesarchäologie als ehrenamtlich Beauftragter für das Landesamt für Denkmalpflege tätig und nimmt regelmäßig an archäologischen Grabungen teil.

Seine Interessensgebiete sind Archäologie und Landesgeschichte.